高等职业教育管理创新研究

谷　驰　著

吉林文史出版社

图书在版编目（CIP）数据

高等职业教育管理创新研究 / 谷驰著. -- 长春：
吉林文史出版社, 2024. 7. -- ISBN 978-7-5752-0498-9

I. G718.5

中国国家版本馆 CIP 数据核字第 2024CD3450 号

高等职业教育管理创新研究

GAODENG ZHIYE JIAOYU GUANLI CHUANGXIN YANJIU

出 版 人　张　强
著　　者　谷　驰
责任编辑　李岩冰
出版发行　吉林文史出版社
地　　址　长春市福祉大路 5788 号
邮　　编　130117
电　　话　0431-81629364
印　　刷　长春市华远印务有限公司
开　　本　787mm×1092mm　1/16
印　　张　12.25
字　　数　270 千
版　　次　2024 年 7 月第 1 版
印　　次　2025 年 1 月第 1 次印刷
书　　号　ISBN 978-7-5752-0498-9
定　　价　68.00 元

前　　言

高等职业教育"以服务为宗旨，以就业为导向"的办学宗旨，"以学生为中心，以职业能力为本位"的人才培养目标，促使着我国职业教育教学必须进行改革与创新。近年来，在我国的高职教育教学的实践过程中，我们也时常听到 "项目教学""创新教育""探究学习""新课程教育教学"等"高出镜率"的词汇，改革成为教育教学专家、教学一线教师一致的呼声。但是怎么改，具体应该怎么操作，众说纷纭，很难达成共识。职业教育是社会发展的产物，是人类文明进步的产物，是人自身发展的产物，也是与经济社会发展联系最紧密、服务最贴近、贡献最直接的教育类型。大力发展职业教育是近年来教育界不变的主题，也是党和国家的战略发展目标。

我国高等职业教育发展的历史短，很多高职院校都是由原来的中专院校重组、合并而成，虽然在规模上、硬件设施上都有一定的提升，但是真正符合高职教育规律的人才培养模式并没有很好地建立起来，在很大程度上还处在起步阶段。所以，当前我国的高等职业院校应着重从产教融合、专业课程设置、师资队伍建设、教育教学模式创新、评价体系构建等方面入手进行改革，"以培养人、发展人"理念为目标，切实改变高等职业教育"水平不高、技能不强、适应能力差、就业困难"的现状。

本书由谷驰撰写，张静怡对整理本书书稿亦有贡献。

由于编者经验不足，专业水平有限，书中难免有错误和疏漏之处，敬请广大读者批评指正。

目　录

第一章　高等职业教育管理创新的必要性和理论基础

第一节　教育管理创新的必要性

一、现阶段高等职业教育管理存在的问题

（一）教学资源配置不均衡

教学资源配置不均衡是当前高等职业教育管理中一个比较普遍的问题。资源分配不公平是一个普遍存在的现象。有些学校在教学资源上投入较多，拥有先进的实验室、图书馆和设施，而有些学校却面临着资源匮乏的困境。这种资源配置不均衡导致了学生在教育机会上的不公平，增加了他们的学习难度和压力。

教学设施不完善也是一个普遍存在的问题。有些高等职业学校的实验室设备老化落后，无法满足实践教学的需要；有些学校的图书馆藏书量有限，对学生的知识获取形成了一定的障碍。教学设施的不完善直接影响了教学质量，降低了学生的学习效果。

除此之外，教学资源配置不均衡还表现在师资队伍的构成上。一些高水平学校能够拥有一批优秀的教师团队，而一些基层学校却面临着教师队伍稀缺的问题。这导致了教学质量和水平的不均衡，让一些学生无法得到优质的教育资源和服务。

教学资源配置不均衡是当前高等职业教育管理中一个需要解决的严峻问题。只有通过深入分析和有效调整，才能实现教育资源的合理配置，提高教学质量，促进学生全面发展。

（二）教学质量评估缺乏科学性

教学质量评估缺乏科学性是当前高等职业教育管理中一个普遍存在的问题。

评估指标不够全面是导致评估缺乏科学性的主要原因之一。目前，大部分高等职业教育机构仍然主要依靠学生的考试成绩、教学设备以及师资水平等传统指标来进行评估，而对于学生的实际学习情况、就业质量等关键指标的评估较为薄弱，导致评估结果的客观性和准确性受到质疑。

评估方法不够科学也是评估缺乏科学性的重要原因之一。目前，大部分高等职业教育机构仍然采用定性研究和主观评价的方式来进行教学质量评估，缺乏科学的数据支撑和量化指标，容易使评估结果受到主观因素的影响，缺乏客观性和可比性。

因此，高等职业教育管理需要在评估指标和评估方法上进行创新和改进，建立科学全面的评估体系，提高评估的客观性和准确性，以更好地促进高等职业教育的发展和提升教学质量。

（三）教师队伍建设亟待加强

在高等职业教育管理中，教师队伍建设是至关重要的一环。然而目前存在的问题是，教师素质不高、培训不足等情况普遍存在。部分教师缺乏先进的专业知识和实践经验，影响了他们的教学质量和教学效果。由于培训机会有限，许多教师缺乏更新和提升自身专业技能的渠道，导致他们无法跟上时代发展的步伐。由于教育资源分配的不均衡，一些地区的教师队伍建设更为薄弱，难以满足不断增长的教育需求。

除此之外，教师队伍建设还存在着一些管理机制上的问题。比如，一些学校缺乏科学的评价制度，教师的工作表现无法得到公正评价和激励，缺乏管理的动力和激情。同时，教师队伍建设缺乏长远规划和系统性培养，一些教师面临职业发展困境，难以实现个人成长和职业晋升。

高等职业教育管理中的教师队伍建设问题亟待加强。只有通过加大对教师素质的培养和提升、加强对教师培训的投入和支持，并建立科学的评价和激励机制，才能有效推动高等职业教育的发展。期待未来有关部门和机构能够重视这一问题，加强管理创新，为高等职业教育的发展注入新的动力。

（四）学生就业率低下

学生就业率低下是当前高等职业教育管理中一个严重的问题。教育与就业市场脱节是其中一个主要原因。随着社会经济的快速发展，需求不断变化，但学校教育体系却不能及时跟上，导致教育培养的人才与市场需求脱离。学生在毕业后面临的是原有专业领域的低薪就业或转行困难，使得就业率低下成为常态。

专业设置不合理也是造成就业率低下的重要因素。有些学校因为追求生源与就业竞争，设置了一些过度热门的专业，导致就业市场供大于求，使得学生难以找到工作。而一些新兴产业发展迅速，却缺乏人才，学校与企业之间的信息传递不畅，专业设置滞后于市场需求，也导致了学生就业的困难。

教育质量不高也是造成学生就业率低下的重要原因之一。一些学校注重理论教育而忽视实践能力培养，使得毕业生在实际工作中缺乏必要的技能和经验，难以胜任工作。加之一些学生缺乏实践机会，导致在求职时表现不佳，影响了就业率。

学生就业率低下并非单一原因导致，教育与就业市场的脱节、专业设置不合理、教育质量不高等因素相互作用，共同造成了当前高等职业教育中学生就业率低下的现象。这些问题的存在，需要高等职业教育管理者重视并积极采取措施来改善。

（五）外部评价体系不够完善

外部评价体系在高等职业教育管理中扮演着重要的角色，然而目前存在的问题不容忽视。评价标准的不清晰性给高等职业教育管理带来了困难。由于评价标准不够具体和明确，评价者往往难以准确评估教育机构的实际情况，导致评价结果的准确性受到质疑。

评价机构的独立性也值得关注。一些评价机构可能受到利益驱使或政治干预，导致评价结果的客观性和公正性受到影响。这种情况不仅容易引发教育机构间的不公平竞争，也会影响到高等职业教育管理的整体效果。

总的来说，当前高等职业教育管理中外部评价体系的不完善，严重影响了教育机构的运行和发展。因此，亟需对评价标准的制定和评价机构的监管进行改进，以确保高等职业教育管理的公正性和科学性。通过对评价体系的完善，可以更好地促进高等职业教育的不断提升和发展。

二、教育管理创新的重要意义

（一）推动学校管理体制改革

教育管理创新对推动高等职业教育学校管理体制改革具有重要意义。它能够促进管理决策的科学化。随着社会经济的不断发展，教育管理工作日益繁重复杂，需要更加科学的方法和工具来支撑决策。教育管理创新可以引入先进的管理理念和技术，帮助管理者更好地分析问题、制定方针，提高管理决策的准确性和及时性。

教育管理创新还能够提高管理效率。通过引入信息化技术、优化流程、创新机制等手段，能够有效提升管理的效率和效益，降低管理成本，提高资源利用效率。这对于高等职业教育学校来说尤为重要，可以更好地满足社会需求，提升学校的竞争力和影响力。

教育管理创新还可以促进学校的组织文化建设和人才培养。管理创新不仅仅是制度的创新，还包括管理者的能力和素质的提升。通过创新管理，可以激发管理者和教职工的积极性和创造性，形成团队合作、共建共享的良好氛围，推动学校的可持续发展。

教育管理创新是推动高等职业教育学校管理体制改革的重要引擎。只有不断创新，才能适应时代发展的需要，提高学校管理水平，实现高质量发展的目标。希望相关管理者和学者能够深入研究和实践，共同推动高等职业教育管理创新的应用研究，为学校管理体制改革注入新的活力和动力。

（二）提高教学质量和教学效果

教育管理创新对于提升高等职业教育的教学质量和教学效果具有重要意义。教育管理创新可以促进教学方式的创新。随着社会的发展和科技的进步，传统的教学方式已经无法满足学生的需求。通过引入现代化的教学设备和教学方法，可以更好地激发学生的学习兴趣，提高他们的学习效率。

教育管理创新可以提高学生的学习积极性。通过建立有效的激励机制和奖惩机制，可以激励学生更加努力地学习，提高他们的学习动力。通过全面评价学生的学习表现，及时发现问题并进行针对性的帮助和指导，可以更好地帮助学生提升自身能力。

教育管理创新还可以提高教师的教学水平和工作效率。通过提供专业的培训和支持，教师可以不断提升自身的教学能力，更好地适应不断变化的教育环境。同时，通过优化教学资源的配置和管理，可以提高教学效率，为学生提供更好的教学服务。

教育管理创新是提升高等职业教育教学质量和教学效果的重要手段。只有不断地推动教育管理的创新，不断完善教育管理体系，才能更好地满足学生和社会的需求，为培养高素质专门人才做出更大贡献。

（三）加强学生就业能力培养

高等职业教育管理创新的应用是加强学生就业能力培养的重要途径之一。随着社会经济的快速发展和技术的不断更新，传统的教育模式已经无法完全满足就业市场的需求。因此，教育管理创新成为高等职业教育领域的迫切需求。

教育管理创新可以帮助学校更好地利用资源，优化课程设置，提高教学质量，培养学生的综合素质和实践能力。通过引入先进的教育理念和工作模式，学校可以更好地适应市场需求，为学生的就业创造更多机会。

教育管理创新还可以促进教师的专业发展和教学水平的提升。教师是教育的重要组成部分，他们的水平和敬业精神直接影响学生的学习效果和就业能力培养。只有通过教育管理创新，校园内部的教师团队才能更好地配合，共同努力实现学校的发展目标。

教育管理创新对于加强学生的就业能力培养具有不可替代的作用。只有不断探索和实践创新的管理模式，才能够在变革中适应市场需求，为学生提供更好的就业前景和发展空间。希望未来高等职业教育领域能够更加注重管理创新，不断推动教育事业的发展和进步。

（四）增进学校社会声誉

在当今竞争激烈的高等教育领域，学校的社会声誉至关重要。通过高等职业教育管理创新，学校可以提高教学质量，培养更具竞争力的人才，加强与社会各界的合作，从而提升学校的声誉和影响力。

教育管理创新可以有效提高学校的教学质量。通过引入先进的教学理念和方法，挖掘教师和学生的潜力，不断完善课程设置和教学模式，提升教学效果和学生的综合素质。这样一来，学校的毕业生将更受市场欢迎，校友的就业率和薪资水平也将得到提升，为学校赢得更好的口碑和声誉。

教育管理创新可以促进学校与社会各界的合作。通过建立校企合作项目、社会实践基地等平台，学校可以与企业、政府、社会组织等多方合作，实现资源共享、优势互补。这样不仅能够为学生提供更丰富的实践机会和就业资源，也能够为学校树立起积极向上的形象，提升社会对学校的认可度和支持度。

高等职业教育管理创新对于增进学校的社会声誉具有重要意义。通过不断探索和实践，学校可以在激烈的竞争中脱颖而出，成为社会信赖和尊重的学府，为更多学生提供优质的教育资源和发展机会。

（五）促进教育产业的创新和发展

高等职业教育管理创新是当前教育领域的一个重要话题。随着社会经济的发展和科技进步，教育管理也需要不断地创新和改进。教育管理创新可以促进教育产业的创新和发展，提高教育质量，满足社会的需求。

教育管理创新可以提高教育质量。通过引入先进的管理理念和技术，改进教育管理制度，优化资源配置，提升教育服务水平。这将有助于培养更多具有创新精神和实践能力的高素质人才，推动教育事业取得更大的发展。

教育管理创新可以促进教育产业的发展。通过改革管理模式，提升教育机构的竞争力和品牌影响力。同时，创新管理方式还可以有效地提高教育资源的利用效率，促进教育市场的繁荣发展，推动整个教育产业的创新运行。

最重要的是，教育管理创新可以满足社会的需求。随着经济社会的不断发展，人才需求也在不断变化。教育管理创新可以更好地适应社会需求，培养符合市场需求的专业人才，推动教育服务的个性化和多样化发展，为社会经济的进步提供有力支持。

因此，高等职业教育管理创新不仅是教育领域的需要，也是教育产业发展的必然选择。只有不断创新和改进，才能适应时代的需求，推动教育事业向更高更远的发展目标迈进。

三、国内外高等职业教育管理创新案例介绍

（一）美国高等职业教育管理创新实践

在美国，高等职业教育管理领域一直在不断探索和创新。在教育资源高度市场化的情况下，大学和职业教育机构需要不断适应市场的需求和变化，开展创新的管理方式。

在美国，一些大学和职业教育机构通过引进企业管理理念，建立了多元化的校园管理模式。他们注重学生的职业素养培养，与企业合作开展实习和实习项目，为学生提供更多的实践机会。同时，他们还积极开展创业教育，鼓励学生创新创业，培养学生的创新能力和创业精神。

一些高等职业教育机构还注重发展全球化教育，与国外院校合作开展学术交流和合作项目，为学生提供更广阔的发展空间。他们也积极开展在线教育和远程教育，利用信息技术手段拓展教育资源，提升教学质量和效果。

美国的高等职业教育管理创新实践在一定程度上为我们提供了借鉴和启示。在未来的发展中，我们可以通过引进国外的成功经验，结合国内的实际情况，探索适合我国高等职业教育管理的创新路径，提升学校的教学质量和管理水平。

（二）德国高等职业教育管理创新模式

德国的高等职业教育管理创新模式引领着世界各国的教育管理实践。在德国，高等职业教育管理注重行业需求和学生发展的紧密结合，以确保培养出具有实践能力和创新精神的人才。

德国的高等职业教育管理注重与行业的对接。通过与企业合作开发课程、提供实习机会和职业指导等方式，确保学生在校期间就可以接触到真实的工作环境和行业需求，从而更好地适应未来职业发展。

德国高等职业教育管理注重学生个性化发展。在课程设置和教学方法上，注重培养学生的创新能力、团队合作能力和实践能力，鼓励学生多角度思考问题，培养独立自主的学习能力。

德国高等职业教育管理还重视教师队伍建设和教育管理体制创新。注重提升

教师的实践经验和行业背景，鼓励教师参与行业研究、实践活动，不断提升教育质量和管理水平。

德国的高等职业教育管理创新模式为世界各国提供了宝贵的借鉴。通过与行业的深度合作、学生的个性化发展和教育管理体制的创新，德国高等职业教育管理模式在培养具有竞争力和创新精神的人才方面取得了显著成效，为世界高等职业教育的发展贡献了重要经验。

（三）日本高等职业教育管理创新案例

日本一直以其高效的教育管理而闻名于世，其高等职业教育管理创新更是备受瞩目。例如，在日本的一些大学中，他们实行了基于企业需求的课程设计，通过与企业合作，确保学生所学知识与市场需求紧密结合，提高毕业生就业率。

日本的高等职业教育管理还注重学生的综合素质培养，不仅仅是专业知识的培训，还包括领导能力、沟通能力、团队合作能力等方面的培养。这种全面培养的模式有助于学生更好地适应未来工作环境的挑战。

日本还推行了优质师资队伍建设，通过培训和选拔优秀的教师，提高教学质量和教育水平。在高等职业教育管理的领域中，教师的专业素质和教学方法的创新至关重要，能够激发学生的学习兴趣和提高教学效果。

总的来说，日本的高等职业教育管理创新案例给我们提供了很多启示和借鉴。在提高教育质量、促进学生就业、培养高素质人才等方面，我们可以从日本的经验中学习，不断探索适合中国高等职业教育管理的创新模式和方法。

（四）中国高等职业教育管理创新经验

在中国，高等职业教育管理创新已成为教育发展的重要方向。一方面，随着社会经济的快速发展，人才培养需求急剧增加，传统的教育管理模式已无法满足日益多样化的人才需求。另一方面，信息技术的快速发展为教育管理提供了新的思路和手段。

在高等职业教育管理方面，中国取得了许多成功的经验。例如，一些学校通过与企业合作，建立实训基地，开展校企合作培养模式，有效提升学生的实际操作能力；一些学校开展项目化教学管理，将知识与实践相结合，让学生真正掌握所学专业知识。

中国高等职业教育管理创新还包括加强师资队伍建设，提升教师的专业素养和教学水平，引入国际化教育理念，培养学生的国际视野和跨文化能力。同时，通过建立教育评估机制，不断优化课程设置和教学质量，确保教育质量不断提升。

总的来说，中国高等职业教育管理创新经验在促进学生就业、提升教育质量、推动教育现代化等方面取得了一定的成就。然而，在面对快速变化的社会需求和技术发展的同时，我们仍需要不断探索创新，不断完善教育管理机制，以适应时代发展的需要。

第二节　高等职业教育管理创新的理论基础

一、教育管理创新的相关理论综述

（一）管理创新概念与内涵

管理创新是指通过对管理理念、管理方式、管理方法的革新与改进，促进组织持续发展和提高绩效的过程。在高等职业教育领域，管理创新不仅仅是管理体制和制度的创新，更包括教学管理、学生管理、师资管理等方面的创新。高等职业教育管理创新的核心是为了适应快速变化的社会需求和经济发展，提高教育质量，提升教育教学效果，推动教育事业的可持续发展。

在当前经济全球化和信息技术快速发展的大背景下，高等职业教育管理创新显得尤为重要。传统的管理模式已经无法适应现代社会的变革和挑战，必须不断探索新的管理理念和方法。管理创新应用在高等职业教育中，可以有效提高办学效率，优化资源配置，强化教学质量评估，提升学生就业竞争力，促进学校可持续发展。

高等职业教育管理创新需要紧密结合实际需求和教育目标，赋予教育管理者更大的创新权和灵活性，激励他们勇于探索和实践。同时，也需要与国际接轨，吸收和借鉴国外先进管理理念和做法，不断完善管理体系，推动高等职业教育的国际化发展。管理创新并非一蹴而就，需要持续的探索和实践，不断总结经验，不断改进完善，不断推动高等职业教育事业向更好的方向发展。

（二）教育管理创新的意义和价值

教育管理创新的意义和价值不言而喻。随着社会的不断发展和变化，传统的管理模式已经无法满足高等职业教育的需求。教育管理创新可以帮助提高教育服务的质量，提升学校的竞争力，促进学生的综合素质发展，以及推动整个高等职业教育体系的健康发展。

教育管理创新可以促进教育服务的质量提升。通过引入先进的管理理念和技术，优化资源配置，提高教学水平，使得学校能够更好地满足社会的需求，培养出更具竞争力的人才。

教育管理创新可以提升学校的竞争力。在日益激烈的教育市场竞争中，只有不断创新才能脱颖而出，吸引更多学生和优秀教师。教育管理创新可以让学校在管理体制、课程设置、教学方法等方面与众不同，形成独特的教育品牌。

教育管理创新也可以促进学生的综合素质发展。更加人性化的管理模式和更具挑战性的教学方式能够激发学生的学习热情，激发他们的创造力和实践能力，培养他们多方面的才能和综合能力。

总的来说，教育管理创新不仅仅是一种管理手段，更是推动整个高等职业教育体系不断进步和发展的动力。只有不断追求创新，才能让高等职业教育更好地适应社会的需求，更好地为国家和社会培养各类人才。

（三）教育管理创新的原则与方法

教育管理创新的原则与方法是指在不断变革的教育环境中，为提高教育质量和管理效率而采取的一系列具体步骤和策略。要注重以学生为中心，以满足学生需求为出发点，积极关注学生的学习需求和发展动态，为学生提供更加个性化的教育服务。要倡导开放共享的理念，与行业合作、与社会融合，将教育资源共享化，推动教育事业的全面发展。同时，还要推崇创新思维，鼓励教育管理者大胆尝试新的管理模式和方法，不断挖掘和实践教育管理的创新路径。

教育管理创新还要强调科学决策，注重数据分析和评估，以数据为支撑，科学地制定管理决策，确保教育管理的科学性和高效性。同时，要注重规范管理，建立健全的管理制度和流程，规范教育管理行为，提升管理水平和效率。教育管理创新还需要重视人才培养和团队建设，加强对教育管理者的培训和引导，构建高效团队，为教育管理创新提供强有力的支持。

总的来说，教育管理创新的原则与方法是多方面的，需要综合考虑各种因素，并灵活运用不同的策略和方法。只有不断探索和实践，才能取得教育管理创新的成功，为高等职业教育的发展注入新的活力和动力。

（四）教育管理创新的评价指标

指标是教育管理创新实施效果的重要衡量标准。要考虑是否实现了教育教学质量的提升。管理创新是否能够有效提升学校的教育教学水平，是否有助于学生全面发展，是否有利于培养学生的实践能力和创新精神，这些都是评价指标的重要内容。

要关注教育管理创新是否提高了管理效率。管理创新是否能够有效提升学校行政管理的效率和效益，是否能够减少资源浪费，提高管理效力，提升学校的整体运行效率，这也是评价指标中的重要方面。

教育管理创新是否促进了教师和学生的全面发展也是重要的评价指标。管理创新是否能够激发教师的教学热情和创新意识，提高他们的教学水平和教学效果，是否能够激发学生的学习兴趣和主动性，促进他们的全面发展，这也是评价指标中的重要内容。

教育管理创新的评价指标涵盖了教育教学质量、管理效率和师生全面发展等多个方面。只有在这些方面都取得显著的成果，教育管理创新才能称得上是成功的。因此，建立科学合理的评价指标体系，对于推动教育管理创新的发展具有重要意义。

二、教育管理创新实践的路径探讨

（一）制度创新

在高等职业教育管理创新实践中，制度创新是一个至关重要的方面。制度创新涉及到各种规章制度的更新和完善，以适应时代发展的需求。在教育管理领域，制度创新可以更好地规范教育机构的运行，提高教育质量和效益，推动教育改革的深入发展。

在制度创新中，诸如教育经费管理制度、人才培养质量评价制度、师资队伍建设规范等方面的改革都是至关重要的。教育经费管理制度的优化能够确保教育资源的合理配置，提高教育资源的利用效率；人才培养质量评价制度的完善可以促进教育教学质量的提升，培养更多适应社会需求的高素质人才；师资队伍建设规范的制定则能够确保教师队伍的素质和能力，提升教学水平。

制度创新还需要从国际教育管理的经验中吸取借鉴，结合国内实际情况不断完善和创新。只有不断推进制度创新，才能更好地应对教育管理工作中的新挑战，为高等职业教育的持续健康发展提供有力保障。

因此，将制度创新作为高等职业教育管理创新的重要内容，并加强对制度创新的研究和探索，是当前教育管理工作中亟待加强的方向之一。只有不断开拓制度创新的新途径，才能更好地推动高等职业教育管理水平的不断提升，实现高等职业教育的可持续发展。

（二）信息化管理

信息化管理在高等职业教育管理创新中扮演着重要角色。随着信息技术的迅速发展，教育管理也逐渐向数字化、网络化、智能化转变。信息化管理为高等职业教育提供了更加便捷、高效的管理手段，可以实现数据的实时更新、信息的共享传递，为教育管理决策提供科学依据。

通过信息化管理，高等职业教育机构可以实现教学资源的整合共享，加强教学过程的监控与评估，提升学校管理的透明度与效率。同时，信息化管理也可以帮助高等职业教育机构更好地服务于学生，通过个性化的教学管理和智能化的学习辅助，提升学生的学习体验和成果。

在信息化管理的基础上，高等职业教育管理创新可以实现更加精细化、个性化的管理模式。通过大数据分析、智能决策等手段，教育管理者可以更好地了解学生的需求与特点，有针对性地制定教学计划、课程设置，提高教学质量与教学效果。同时，信息化管理也可以为高等职业教育机构提供更多的发展机遇，促进教育教学的创新与改革。

总的来说，信息化管理是高等职业教育管理创新中不可或缺的一环，其应用将为教育管理带来更多的可能性和机遇，推动高等职业教育的发展与进步。

（三）人才培养模式创新

在高等职业教育管理领域，人才培养模式的创新尤为重要。传统的人才培养模式已经不能满足当今社会对人才的需求，需要不断探索更新的培养方法。人才培养模式创新应当注重培养学生的实践能力和创新精神，提高他们在实际工作中解决问题的能力。

在实践中，可以通过开展多样性的实践教学活动，如实习实训、校企合作项目等，来培养学生的实践能力。通过与企业合作开展项目，学生可以接触到真实的工作环境和实际的项目需求，从而更好地理解理论知识在实际工作中的应用。还可以引入跨学科教学，将不同专业的知识融合在一起，培养学生的综合能力和创新思维。

人才培养模式创新还应当注重个性化发展。学生在学习过程中有不同的兴趣、特长和需求，应该根据个体差异来制定个性化的培养计划，帮助他们发现和发展自己的潜能。通过个性化培养，可以更好地激发学生的学习动力，提高他们的学习成绩和综合素质。

总的来说，人才培养模式创新是高等职业教育管理创新中的重要一环，只有不断探索适合当今社会需求的培养模式，才能培养出更适应社会发展需要的高素质人才。

三、高等职业教育管理创新的评价模型构建

（一）教育管理创新绩效评价指标体系建立

在构建高等职业教育管理创新的评价模型时，需要充分考虑到教育管理创新的特点和目标。评价模型应该体现出对管理创新过程的全面性和系统性的考量，包括对管理创新的设计、实施、监控和评估等各个环节的综合评估。评价模型需要注重与高等职业教育的实际需求相结合，确保评价指标的科学性和可操作性。

在建立教育管理创新绩效评价指标体系时，可以参考现有的管理绩效评价理论和方法，结合高等职业教育的特点和发展需求进行调整和优化。可以将教育管

理创新的目标、过程和结果作为评价指标的核心内容,同时考虑到不同教育机构的特殊情况和需求,灵活设置评价指标,确保评价体系的普适性和灵活性。

在评价模型构建和绩效评价指标体系建立的过程中,还需要注重数据的收集和分析,确保评价结果的客观性和可靠性。可以借助先进的信息技术手段,建立完善的数据采集和处理系统,提高评价过程的效率和准确性。

总的来说,高等职业教育管理创新的评价模型构建和绩效评价指标体系的建立是一个复杂而重要的工作,需要深入研究和实践,不断完善和调整,以促进高等职业教育管理创新的持续发展和提升。

(二) 教育管理创新成效评估方法探讨

在高等职业教育管理创新的评价模型构建的基础上,对其成效进行评估至关重要。评估方法的选择应该充分考虑到教育管理创新的特点和目标,以确保评估结果的准确性和有效性。

常见的评估方法包括定量评估和定性评估。定量评估通过收集和分析数值数据,如问卷调查、学生成绩等,来量化教育管理创新的成效。定性评估则是通过深入访谈、观察和文本分析等方式,来获取对教育管理创新的主观认识和感受。

定量评估的优点在于可以提供具体的数据支持,更客观、更可信赖。但其局限性在于可能无法全面反映管理创新的实际效果,忽略了一些难以量化的细节和情感。而定性评估则强调了个体经验和感受,更有利于深入理解管理创新对个体和组织的影响,但受主观因素影响大,难以进行量化比较。

除此之外,还有一些其他评估工具,如SWOT分析、逻辑框架分析、绩效评价等。这些工具各有优缺点,应根据具体情况选择合适的评估方法。

因此,在进行高等职业教育管理创新成效评估时,需要综合考虑各种评估方法的优劣势,灵活运用,以确保评估结果的综合性和准确性。在评估结果的基础上,再进一步完善管理创新的措施和方案,使其更加符合实际需求和效果更为显著。

(三) 教育管理创新效果评估模型建构

在构建教育管理创新效果评估模型的过程中,首先需要对教育管理创新的本质和目标有清晰的认识。教育管理创新旨在提高学校的教学质量、学生的学习成效和教职员工的工作效率,促进高等职业教育体系的可持续发展。因此,在评估模型的构建中,需要明确创新的目标、范围和影响因素。

评估模型的建构需要综合运用多种方法和理论。可以借鉴系统理论、评估理论、管理学理论等相关知识,结合实际情况,构建一个既科学又实用的评估模型。在建构模型的过程中,需要考虑到各种变量之间的相互作用,确保模型的全面性和准确性。

评估模型的建构还需要充分考虑到实际应用的可行性和有效性。一个好的评估模型应该能够帮助学校和管理者全面了解教育管理创新的效果，为他们提供科学依据和决策支持。因此，在建构模型时，需要充分考虑到实际操作的便捷性和实用性，确保模型的有效应用。

构建教育管理创新效果评估模型是一个复杂而重要的工作。只有通过理论基础和方法的科学应用，才能够建立一个科学合理、全面有效的评估模型，为高等职业教育管理创新的持续发展提供有力支撑。希望本研究能够为高等职业教育管理创新的实践和研究提供一定的参考和借鉴。

（四）教育管理创新评价工具开发

教育管理创新评价工具的开发是高等职业教育的重要一环，其目的在于量化和客观地评估教育管理创新的效果和质量。在开发过程中，可能遇到的挑战包括对各种评价因素的准确把握、设计合理的评价指标和方法、数据收集和分析的有效性等问题。为了解决这些挑战，团队需要充分调研市场需求和学校实际情况，借鉴其他成功案例的经验，并结合专家意见进行反复讨论和修改。

在开发过程中，团队需要严格按照科学研究方法进行，确保评价工具的有效性和可靠性。同时，要注重团队合作，充分发挥每个成员的特长和优势，确保评价工具的全面性和系统性。在整个开发过程中，团队需要密切关注市场反馈和用户意见，及时调整和改进评价工具，确保其符合实际需求和教育管理创新的发展方向。

通过不断努力和改进，教育管理创新评价工具将逐渐完善和成熟，为高等职业教育管理的提升和发展提供有力支持和保障。这将进一步推动高等职业教育的创新和改革，为培养更多高素质人才和推动社会发展做出积极贡献。教育管理创新评价工具的开发不仅是一项具有挑战性的任务，更是一项具有深远意义和影响力的工作。

四、高职院校教育管理创新案例分析

（一）XXX学院管理创新实践

在XXX学院的管理创新实践中，他们秉承着不断探索、勇于创新的理念，致力于提升教育教学水平和服务质量。学院建立了以学生为中心的管理理念，注重培养学生的创新能力和实践能力。通过开展课程改革、教学方式创新以及实习实训等活动，学生的综合素质得到全面提升。

学院在师资队伍建设方面也进行了创新。除了引进了一批有丰富教学经验和行业背景的骨干教师外，还建立了导师制度，每个学生都有一名导师进行个性化指导，帮助他们解决学习和生活中的问题。这种师生互动的模式极大地促进了学生的学习和成长。

然而，在管理创新实践中也遇到了一些困难和挑战。学院发现传统的管理模式很难适应新时代的需求，需要不断地调整和完善管理制度。师资队伍建设也存在一定的压力，因为要求教师不仅具备专业知识，还需要不断更新教学方法和教育理念。学生的需求和期望也在不断变化，管理者需要及时调整教育教学策略，以适应学生的需求。

通过对XXX学院的管理创新实践进行案例分析，我们可以看到管理创新对高等职业教育的重要性，同时也需要认识到在实践过程中可能会遇到的困难和挑战。这不仅为我们提供了宝贵的经验，也让我们意识到管理创新是一个不断探索和完善的过程。

（二）XXX学校管理创新经验

XXX学校在高等职业教育管理创新方面积累了丰富经验。学校注重培养师资队伍，不断提升教师的专业水平和教学能力，通过不断学习和培训，使教师能够适应社会发展和学生需求的变化，有效提升教学质量。

学校重视学生实践能力的培养，开设了丰富多彩的实践教育课程，鼓励学生参与社会实践、校内实习等活动，使学生在校园内外都能够得到全面的成长和发展。

学校还注重与企业的合作，与一些知名企业建立了长期稳定的合作关系，为学生提供实习和就业机会，使学生在实践中不断积累经验，更好地融入社会。

在管理创新实施过程中，学校注重构建多元化的管理体系，实现"规范化、科学化、人性化"的管理理念，为学校的健康发展提供了有力保障。学校还运用现代信息技术，建设了高效的信息化系统，提高了管理效率和服务水平。

XXX学校的管理创新经验在教育行业具有一定的借鉴意义。其成功的经验表明，教育管理创新需要全员参与、注重实践、与时俱进，只有不断探索和创新，才能为高等职业教育的发展注入新的活力。

（三）XXX学校教学管理改进

近年来，XXX学校深入贯彻落实教育部关于高等职业教育管理创新的重要文件精神，积极探索适合自身特点的教学管理改进路径。通过对教育管理创新的理论研究和实践经验借鉴，结合学校的具体实际情况，不断完善改进措施，为提升教学质量提供了有力保障。

XXX学校的教学管理改进背景是多方面的，包括师资力量结构、教学资源配置、教学评价机制等方面存在的问题。为了解决这些问题，学校加强了对教师的培训和激励机制，建设了更加完善的教学资源平台，优化了课程设置和教学评价体系，以提高教学质量和效果。

学校在教学管理改进方面采取了一系列措施，例如建立了定期的教学督导机制，加强了对教学过程的监测和评估，强化了课堂教学质量管理，开展了跨学科协作的教学实践活动等。这些举措有力地促进了教师教学水平的提升，激发了学生学习兴趣，增强了教学质量的可持续发展。

通过一段时间的实践，XXX学校的教学管理改进取得了显著成效。教学质量稳步提升，学生的综合素质得到有效提高，校园教育氛围更加浓厚。同时，学校的教学管理创新经验也得到了其他同类高职院校的认可和借鉴，为整个高等职业教育领域的发展做出了积极贡献。

（四）XXX职业学院管理模式创新

XXX职业学院在面对日益变化的教育环境和社会需求时，不断进行管理模式创新，以适应时代发展的要求。该学院在管理创新中充分发挥团队协作、科技应用和教学实践的作用，不断探索教育教学的新路径。

XXX职业学院注重对教师团队的培训和激励，建立了一套完善的评价和激励机制，激发教师的创造力和工作热情。通过引入新的教学理念和技术，不断提升教师的教学水平和教学效果。同时，学院还加强了与企业的合作，将实践教学与实际生产需求相结合，使学生在校期间即能获得实践经验，增强就业竞争力。

XXX职业学院在管理创新中注重学生的全面发展和个性化培养。通过课程设置的优化和调整，学院为学生提供了更多元化选择和发展空间。同时，学院还建立了个性化发展档案，跟踪学生成长轨迹，及时调整教育方向，助力学生更好地发展和成长。

XXX职业学院在管理创新中着力打造开放、创新的教育环境，鼓励学生和教师在实践中不断尝试和探索。学院还建立了一套完善的评估体系，确保管理创新的有效性和可持续发展。

总的来说，XXX职业学院在管理模式创新中取得了一定成效，为高等职业教育的发展提供了宝贵的经验和启示。管理创新不仅能够提升学院的竞争力和影响力，还能够为学生和教师的发展提供更多机会和可能性。

五、高等职业教育管理创新对教育产业的影响

（一）教育产业结构优化调整

高等职业教育管理创新对教育产业的影响不仅在于提升教学质量和教育教学

管理效率，更重要的是对教育产业结构的调整和优化。传统的高等教育体系存在着教学资源过剩、行政管理繁琐、学科设置不合理等问题，导致教育资源分配不均衡，教育质量参差不齐。

高等职业教育管理创新可以通过优化资源配置，提高教育服务的质量和效率，促进专业化、精细化的发展。通过引入先进的管理理念和技术手段，实现教育产业结构的调整和优化，增强教育产业的活力和竞争力。

教育产业结构优化调整的可能途径包括建立健全的评价机制，优化教学资源配置，改革教育管理体制，推动教育信息化和创新技术的应用等。这些举措将有助于提高高等职业教育的整体水平和竞争力，推动教育产业的转型升级，促进产业结构的优化和升级。

在探讨高等职业教育管理创新对教育产业结构的影响时，需要考虑如何实现教育资源的有效配置和利用，如何提高教育服务的质量和效率，如何推动教育产业的创新和发展，如何激发教育人才的创造力和创新能力，从而实现教育产业的可持续发展和良性循环。

（二）教育资源配置效率提升

然而，目前高等职业教育中存在着资源配置效率低下的严重问题。师资资源的浪费情况普遍存在，一些资深教师在教学方面发挥不足，而一些年轻教师却饱受空间和资源的限制。同时，一些教育机构拥有过多的设备资源，但未能有效地利用和管理，导致资源闲置和浪费。

教育教学设备的更新换代速度较慢，导致部分设备已经过时，无法满足教学需求。而在课程设计方面，一些教学内容陈旧，与实际就业市场需求脱节，导致学生毕业后难以找到适配的工作岗位。

资源配置效率低下不仅造成了资源的浪费，也影响了高等职业教育的教学质量和教学效果。教育机构需要重新审视资源的配置和利用方式，加强与产业和市场的对接，提高教育资源的利用效率，从而有效地推动高等职业教育管理创新的发展和进步。

（三）教育产业创新发展推动

然而，尽管高等职业教育管理创新的重要性被广泛认可，但在实践中却存在着诸多限制和挑战。技术创新不足是制约高等职业教育管理发展的主要问题之一。许多高校在教学设备、平台建设以及教学方法上仍停留在传统阶段，缺乏与时俱进的技术应用与创新意识。

教学方法陈旧也是制约高等职业教育管理创新的重要因素。传统的教学模式往往缺乏灵活性和多样性，过于依赖传统的课堂讲授，难以满足学生的个性化需求和职业发展需求。教师队伍的素质和能力也是制约高等职业教育管理创新的一个瓶颈，需要更多的专业培训和实践经验来提升教学质量。

总的来说，高等职业教育管理创新受到多方面的限制和制约，需要在政策、技术、教学方法以及教师队伍等方面进行全面深入的改革，才能更好地推动教育产业的创新发展。只有不断地创新和改革，高等职业教育才能真正发挥其应有的作用，为社会和经济发展提供更多更好的人才和服务。

（四）教育服务水平提升

然而，尽管高等职业教育管理创新的重要性得到普遍认同，但当前高等职业教育服务水平仍存在不容忽视的问题。服务质量的稳定性不足以满足学生和企业的需求，有些学校在管理上存在混乱，导致教学质量无法保证。服务内容滞后于社会需求，一些学校仍然坚持传统的教学方式，无法及时更新教学内容，导致毕业生的就业竞争力不足。学校与企业之间的对接不够紧密，实习和就业机会有限，缺乏实践性的教学环境。

这些问题的存在不仅影响了学生的学习效果和就业前景，也影响了高等职业教育产业的可持续发展。如果不能及时解决这些问题，高等职业教育将面临严峻的挑战，甚至可能失去市场竞争力。因此，急需对高等职业教育管理进行创新，提升教育服务水平，以适应社会的发展需求和人才培养目标。

虽然目前存在种种问题，但正是这些挑战促使我们不断思考和探索，寻找更好的解决方案。只有不断创新，教育管理才能与时俱进，服务质量才能得到提升，推动高等职业教育向更高水平迈进。愿我们共同努力，共同探索，共同建设一个更加完善的高等职业教育体系。

（五）教育产业可持续发展

高等职业教育产业在应对资源短缺和环境问题方面面临着巨大挑战。资源匮乏导致了教育质量无法得到有效保障，师资力量短缺、教育设施匮乏等问题频现。环境污染不仅影响了学校的教学环境，也损害了学生的身心健康。这些困境制约了高等职业教育产业的可持续发展。

另一方面，随着社会对高等职业教育的需求不断增长，传统的管理模式已经无法满足现代化发展的要求。高等职业教育管理创新势在必行，必须寻找新的方式和思路来应对这些挑战。只有通过改革创新，才能够实现高等职业教育产业的可持续发展。

因此，高等职业教育管理创新不仅是为了提高教育质量，更是为了解决资源短缺和环境问题，推动教育产业的可持续发展。只有通过创新理念和管理模式，才能够实现高等职业教育的可持续发展目标。在这个过程中，需要探讨教育管理创新的理论基础，研究国内外的成功案例，以期为高等职业教育管理创新提供借鉴和参考。

第三节　高等职业教育管理创新的政策支持

一、国家层面高等职业教育管理创新政策

（一）《XXX》文件的发布

《XXX》文件的发布在一定程度上推动了高等职业教育管理创新的发展。该文件明确了管理创新的重要性，提出了一系列政策措施和支持措施，为高等职业教育管理提供了指导。文件的发布使高等职业教育管理者更加重视管理创新，积极推动学校管理模式的更新和改革。

然而，虽然《XXX》文件对高等职业教育管理创新产生了积极的影响，但仍然存在一些局限性和不足之处。文件中的政策措施可能存在过于笼统和缺乏操作性的问题，缺乏具体的细化和实施方案，导致一些学校在实际操作中难以找到有效的落实路径。文件发布后可能存在执行力不足的问题，一些地方和学校可能缺乏主动性和创新精神，未能有效贯彻文件的相关要求。

在实践中，高等职业教育管理创新可能还受到人才培养、资源投入、社会认可等方面的制约，这也给管理创新带来了一定的挑战。因此，仅仅依靠文件发布和政策支持是远远不够的，还需要进一步探讨如何通过改革教育体制、提高学校管理者和教职员工的素质和能力，才能真正实现高等职业教育管理创新的目标。

《XXX》文件的发布对高等职业教育管理创新起到了一定的推动作用，但在实践中仍存在诸多问题和挑战，需要进一步的探讨和研究，以更好地推动高等职业教育管理创新的发展。

（二）战略规划的出台

国家层面高等职业教育管理创新政策的出台，标志着我国对高等职业教育管理工作的重视和推动。国家战略规划的制定，不仅为高等职业教育管理创新提供了政策支持，也为教育机构的改革和发展指明了方向。然而，实施这些政策和规划并非轻而易举，面临着一些挑战和困难。

高等职业教育管理创新需要跨部门协调和合作，要实现政策的有效实施，需要各级政府、教育部门、高校、企业等多方共同合作和努力。这需要各方意识到高等职业教育管理创新的重要性，并愿意为此进行改革和投入资源。

高等职业教育管理创新还需要加强师资队伍建设和机制创新。师资队伍的素

质和能力是决定高等职业教育质量的关键因素，而如何吸引优秀人才到高等职业教育领域，如何培养和提升现有教师的能力，都是需要解决的问题。

高等职业教育管理创新还需要面对社会和市场的变化。随着时代的发展，教育需求也在不断变化，高等职业教育管理创新需要不断适应市场需求，与社会需求相结合，实现教育与产业的有机结合。

虽然国家战略规划对高等职业教育管理创新起到了推动作用，但在实施过程中仍然面临着诸多挑战和困难，需要各方共同努力，寻找解决之道。

（三）资金支持政策的制定

资金支持政策是高等职业教育管理创新的重要保障。通过对教育机构提供资金支持，可以促进教育管理创新的实施和发展。资金支持政策可以包括资助项目、奖励措施、补助资金等形式，以鼓励教育机构投入更多资源和精力进行管理创新。

资金支持政策的实施效果是显而易见的。资金的注入可以有效解决教育机构在开展管理创新过程中的资金瓶颈问题，提高教育管理的效率和质量。资金支持政策可以激发教育机构的创新意识和活力，推动教育管理实践的不断探索和改进。资金支持政策还可以带动相关产业链的发展，促进整个教育产业的创新与升级。

然而，资金支持政策也可能带来一些问题。资金的分配问题可能导致资源浪费和不公平现象的出现。资金支持政策的过度依赖可能使教育机构过度注重经济利益，而忽视教育管理创新的本质和目的。资金支持政策的长期实施也需要监管和评估机制的健全，以确保资金的使用达到预期效果。

资金支持政策对高等职业教育管理创新的促进作用不可忽视，但在实施过程中也需要注意解决可能出现的问题，以保证政策的有效性和可持续性。

（四）评估考核机制的建立

估考核机制的建立对于高等职业教育管理创新至关重要。通过建立科学合理的评估考核机制，可以更加准确地评估教育机构的管理水平和教学质量，为学校领导层提供决策依据。评估考核机制可以促进教育机构内部的良性竞争，激励教职员工不断提升自身素质和教学能力。评估考核机制也可以帮助高等职业教育机构更好地适应市场需求，推动教育教学改革，促进教育产业的健康发展。

然而，目前高等职业教育管理中存在的评估考核机制还存在一些不足之处。现有的评估标准和指标体系不够科学和完善，有的过于注重表面指标，而忽略了教育质量核心。评估考核机制往往缺乏灵活性和综合性，难以全面反映高等职业教育机构的实际情况和特色。同时，评估过程中可能存在主观性和不公平性，导致评估结果的公信度和可信度不足。

因此，对于评估考核机制的建立和完善仍然有改进空间。需要进一步探索和完善评估标准和指标体系，建立科学合理、全面细致的评估考核机制，充分发挥其在高等职业教育管理创新中的重要作用。只有如此，才能更好地推动高等职业教育管理创新，提高教育质量，促进教育事业的可持续发展。

二、地方层面高等职业教育管理创新政策

（一）地方政府政策支持情况

教育管理创新的必要性是当前高等职业教育领域发展的必然趋势。国内外高等职业教育管理创新案例不断涌现，这些案例为我们提供了宝贵的经验和启示。高等职业教育管理创新的理论基础是为了不断提升教育质量和培养更优秀的人才。同时，高等职业教育管理创新对教育产业的影响也是不可忽视的，它可以促进教育产业的健康发展。政策支持是推动高等职业教育管理创新的重要保障，各地方政府纷纷制定相关政策，支持和推动高等职业教育管理创新的实施。每个地方层面都形成了相应的高等职业教育管理创新政策，这些政策的出台和实施将有力地促进高等职业教育的发展。在地方政府的政策支持下，高等职业教育管理创新取得了一系列显著成果，不断推动着教育事业向前发展。

在地方政府的政策支持下，高等职业教育管理创新取得了一系列显著成果，不断推动着教育事业向前发展。各个地方政府为了促进教育产业的繁荣发展，纷纷出台了一系列激励政策和措施，以支持高等职业教育管理创新的实施。通过建立专门的资金支持计划和优惠政策，地方政府鼓励高等学校及相关机构积极投入到管理创新的实践中，推动教育教学模式的不断完善和提升。

地方政府还加大了对高等职业教育管理创新项目的资金支持力度，通过设立专项基金和项目资助，为教育机构提供了更多的发展机会和资源保障。政府部门还积极推动高校与企业、社会组织等合作伙伴的深度合作，共同开展教育管理创新项目，促进产学研深度融合，为高等职业教育注入了新的活力和动力。

在地方政府的政策引导下，高等职业教育机构不断加强内部管理创新，推动教育教学工作的提质增效。各地方政府也着力打造一批高水平的师资队伍，加强师资队伍的培训和引进工作，为高等职业教育管理创新提供强有力的人才支持。通过政策扶持和资源保障，高等职业教育管理创新项目在不断推进中逐渐形成了可持续发展的良好态势，为整个高等教育领域的变革和提升注入了新的动力和活力。

（二）地方高等教育管理创新政策措施

地方高等教育管理创新政策措施可通过加大投入力度、加强政策引导、促进科技创新、完善管理机制等多方面措施来实施。其中，地方政府可以加大对高等

职业教育的财政支持，提高教育教学质量，促进教师队伍建设和培养。同时，地方政府也应当加强对高校的政策引导，制定相应政策以推动高校管理体制改革和教育教学模式创新。地方高等教育管理创新政策措施的实施将有助于提高教育质量和水平，促进教育产业发展，推动地方经济社会进步。

（三）地方教育体制改革的进展

在当前高等职业教育管理创新的背景下，地方教育体制改革也逐渐展开。不同地区在推动高等职业教育管理创新方面采取了不同的政策与措施。一些地方通过加大投入，完善服务体系，提升教学质量，促进高等职业教育管理创新。同时，也有一些地方制定了具体的政策，鼓励院校与企业合作，推动实践教学发展，推动高等职业教育管理创新。随着地方教育体制改革的不断深化，高等职业教育管理创新将迎来更多发展机遇和挑战。

（四）地方高职院校管理推进效果评估

在高等职业教育领域，管理创新是不可或缺的。通过国内外的案例介绍，我们可以看到管理创新对于提升教育质量和效率至关重要。管理创新的理论基础不仅可以增加教育机构的竞争力，还可以促进行业的发展。随着社会的不断发展，高等职业教育管理创新对整个教育产业的影响也日益凸显。政策支持是推动管理创新发展的重要保障，地方层面的高等职业教育管理创新政策更是需要不断完善和落实。对地方高职院校管理推进效果的评估，可以帮助我们更好地了解政策实施的效果并及时调整课程和教学方式，以适应社会的需求。在管理创新的道路上，我们需要不断探索和实践，为高等职业教育的发展注入新的动力。

三、高等职业教育管理创新政策下的实践探索

（一）政策下的高职院校管理创新案例研究

在当前高等教育领域，教育管理创新已经成为一种迫切的需求。为了应对不断变化的社会需求和教育发展趋势，高等职业教育管理必须不断创新。国内外已有许多成功的管理创新案例可供借鉴，这些案例为我们提供了宝贵的经验和启示。同时，高等职业教育管理创新也有其理论基础支撑，这为我们在实践中提供了指导和支持。教育产业正在经历着巨大的变革，高等职业教育管理创新的影响也愈发凸显。政府的政策支持是推动高等职业教育管理创新的重要保障，只有有力的政策扶持，创新才能够持续发展。在政策的引导下，高职院校进行管理创新的实践探索也日益深入，各种创新案例层出不穷，为高等职业教育管理创新提供了更多的实践依据和经验总结。

（二）高等职业教育管理创新政策模式分析

本文旨在探讨高等职业教育管理创新政策模式，通过对国内外相关案例的研究，形成理论基础并推动实践探索。高等职业教育管理创新在促进教育产业发展、提升教育质量、培养人才等方面发挥着重要作用。政策支持是推动高等职业教育管理创新的重要保障，有效的政策可以促进教育改革和发展。因此，深入分析高等职业教育管理创新政策模式对实践的影响具有重要意义，为政策制定者提供借鉴和启示。

（三）政策对高等职业教育发展的促进作用

随着社会的不断发展和教育的进步，高等职业教育管理创新的政策支持成为关键。从国内外高等职业教育管理创新案例介绍中可以看出，新的理论基础为教育管理带来了新的思路和方法。这种创新不仅对教育产业有积极的影响，也为高等职业教育的发展提供了更广阔的空间。通过政策支持下的实践探索，发现政策对高等职业教育的促进作用不可小觑，为高等职业教育管理创新提供了更多可能性，从而推动了教育事业的进步和发展。

（四）政策对高等职业教育产业创新的推动力量

在高等职业教育领域，管理创新是推动行业发展和提高教育质量的重要手段。国内外都有许多成功的案例，通过不断地实践和探索，为高等职业教育管理创新提供了宝贵经验。在理论基础的支持下，管理创新能够更好地指导实践，实现教育产业的可持续发展。同时，政策的支持也是关键因素，为高等职业教育管理创新提供了有力保障和推动力量。在政策的引导下，各方将会加大投入，促进产业创新，进一步推动高等职业教育的现代化发展。

第四节　高等职业教育管理创新的实践探索

一、高职院校管理创新案例分享

（一）XXX学院管理案例

XXX学院作为一所高职院校，一直致力于教育管理的创新和实践。最近，学院开展了一项名为"学生导师制"的管理创新项目。该项目的背景是，学院发现学生在面对学习和职业规划方面存在困惑和困难，希望通过引入导师制度，为学生提供更加个性化和专业化的指导服务。

项目的目的是建立一支由教师和行业专家组成的导师团队，为学生提供学业、职业规划和心理等多方面的指导。为了实现这一目标，学院通过邀请校内外资深教师和企业人士作为导师，借助专业培训和定期交流会议，确保导师团队的服务质量和效果。

项目取得的成效也得到了肯定。学生们对导师制度反响热烈，他们表示通过导师的指导，更好地了解了自己的兴趣和优势，规划了个人的职业发展路径，提高了学习和就业的主动性和有效性。同时，导师们也表示通过参与这一项目，不仅能够帮助学生，更加深了自己对教育工作的认识和责任感。

这一管理创新案例充分展现了XXX学院在高等职业教育领域的前瞻性和创新性，为提升教育教学质量和服务水平树立了榜样。相信在不久的将来，这种导师制度将在更多高职院校推广开来，为培养更多优秀的职业人才做出贡献。

（二）XXX学校管理实践

XXX学校在管理实践方面的创新举措主要体现在推行了多元化的管理体系。学校建立了横向联动和纵向协同的管理机制，形成了理事会、教务处、学工处等多个部门之间的协作机制，实现了信息共享和资源整合。学校加强了师生参与管理的机制，建立了学生会、辅导员团队等多个参与管理的渠道，实现了全员参与管理，提高了管理的透明度和效率。

在实施过程中，学校面临了诸多挑战，如部门之间信息不畅、资源不均、沟通不畅等问题。但通过不断调整和改进，学校逐渐克服了这些困难，形成了相对稳定和高效的管理体系。同时，学校也收获颇丰，管理效率得到了显著提升，师生参与度明显增加，学校整体管理水平得到提升。

总的来说，XXX学校在管理实践方面的创新举措为高等职业教育管理提供了一种新的思路和模式，值得其他高职院校参考借鉴。通过不断探索和实践，高等职业教育管理创新将会在未来得到更好的发展。

（三）XXX学校教学管理创新

XXX学校作为一所重视教学管理创新的高职院校，始终致力于提高教学管理效率和质量，以更好地适应时代发展的需求。为了实现这一目标，学校在教学管理方面进行了一系列创新实践。

学校建立了一套高效的教学管理系统，采用现代化的信息技术手段对教学过程进行全面、精细化管理。通过系统的数据采集和分析，学校可以及时了解学生学习情况，调整教学计划，为学生提供个性化的学习支持。

学校注重教师培训和激励，通过定期举办教学研讨会、开展教学评比活动等方式，持续提升教师的专业水平和教学能力。同时，学校还建立了教学质量评估机制，对教师的教学表现进行评价，为教师提供个性化的成长指导和职业发展支持。

学校加强了与企业合作的机制，将实际职业技能要求融入教学内容中，完善实训基地建设，提高学生的实践能力和就业竞争力。通过与企业的深度合作，学校为学生提供更多实践机会，培养了一大批符合市场需求的高素质人才。

这些教学管理创新实践取得了显著成效，学校的教学效率和质量得到了明显提升。同时，学生的就业率和就业质量也得到了极大的改善，为学校在高等职业教育领域的声誉树立了良好的口碑。在未来，学校将继续不断探索教学管理创新的路径，努力提高教学管理水平，为培养更多优秀人才做出更大贡献。

（四）ＸＸＸ职业学院管理模式

ＸＸＸ职业学院在管理方面进行了一系列创新模式的探索和实践。该学院的管理模式具有以下特点：注重学生个性化发展，通过开设多样化的课程和实践机会，鼓励学生在不同领域实现自我突破。强调教师团队建设，鼓励教师不断提升专业水平、创新教学方法，以适应不断变化的教育需求。推崇校企合作模式，与各行业企业合作，共同设计并实施实践性项目，提高学生的就业竞争力。

该管理模式的优势在于能够有效地激发学生的学习积极性，促进教师的教学创新，拓展学院与社会的合作网络，提升学院的声誉与影响力。目前，该模式已在校园内得到广泛应用，并取得了显著的成效。

值得一提的是，在高等职业教育管理创新政策支持的背景下，ＸＸＸ职业学院得到了相关政策的大力支持，为学院管理创新提供了有力保障。学院将继续在管理创新方面进行实践探索，不断推动教育教学质量的提升，为培养更多适应社会需求、具有创新能力的专业人才做出更大贡献。

（五）ＸＸＸ高等院校管理经验

ＸＸＸ高等院校在管理方面的经验值得借鉴和分享。通过不断探索和实践，该院校在管理创新方面取得了一系列成果。他们结合实际需求，建立了较为合理的管理体系，明确各部门的职责分工，使得管理更加高效和有序。他们注重人才培养和管理，采用多元化的培训模式，提高了教职员工的综合素质和管理水平。

同时，该院校在信息化建设方面也有所突破，引入先进的信息管理系统和智能化技术，提升了管理效率和服务质量。他们还致力于开展国际化合作与交流，加强与国外高校的合作，推动全球化人才培养。这些举措不仅为该院校的发展带来了新的机遇和挑战，也为其他高等院校提供了宝贵的借鉴和启示。

在应用方面，ＸＸＸ高等院校的管理创新经验已经得到了广泛的应用。许多其他高校通过学习和借鉴，逐步改进自己的管理模式，提升了学校的整体竞争力和发展水平。因此，可以说，ＸＸＸ高等院校的管理创新不仅造福于自身，也对整个高等教育领域产生了积极的影响。

高等职业教育管理创新是当前教育发展的必然趋势，XXX高等院校在这一方面的不懈探索和实践，为其他高校提供了宝贵的经验和启示，也丰富和促进了整个高等教育领域的发展。希望在未来的探索中，更多高校可以加入到管理创新的行列，共同推动高等教育事业的健康发展。

二、高等职业教育管理创新项目实施

（一）项目创新的背景

高等职业教育管理创新项目的背景是在当前快速发展的信息化、全球化和产业变革的大环境下，传统的教育管理方式已经难以适应社会发展的需求。为了提高高等职业教育的质量和效益，必须进行管理创新。该项目旨在引领高等职业教育管理的变革，促进教育领域的创新发展。

项目创新不仅能够提高教育管理的效率和质量，还可以推动教育体系的升级，提升教育的整体水平。在当前全球化竞争下，高等职业教育管理创新是非常必要的，只有不断地适应和引领教育发展的变化，才能在激烈的竞争中立于不败之地。

高等职业教育管理创新项目的实施将为教育管理者提供更多的思路和方法，使教育管理更加科学化、系统化和创新化。同时，这也将激励教育从业者不断提升自身的管理水平和专业能力，以适应社会对人才培养的新需求。

高等职业教育管理创新项目的实施具有重要意义和深远影响。通过不断地进行管理创新，将推动高等职业教育的不断发展，为培养更多具有创新精神和实践能力的应用型人才做出积极贡献。

（二）项目实施的目标与方法

该高等职业教育管理创新项目旨在提高学校管理效率和教学质量，为学生提供更好的教育体验。实施目标包括优化教学资源配置、提升教师教学水平、完善学生管理制度等方面。为达成这些目标，我们制定了详细的实施计划和措施。

我们对学校现有的管理体系进行全面评估，并结合实际情况制定了针对性的改进方案。通过建立信息化管理系统，提升学校管理效率，使教务、学生、财务等部门之间的信息共享更加便捷高效。同时，我们加强了教师培训和引进优质教育资源，以提升教学质量和创新能力。

我们还加强了与企业的合作，拓展学生的实习和就业渠道，促进教育产业和企业之间的深度融合。通过制定激励政策和奖励机制，激发学生和教师的参与积极性，促进全校教育管理创新意识的培养和推动。

经过一段时间的实施，项目取得了显著成效。学校管理效率得到提升，教学质量显著提高，学生综合素质得到全面提升，校企合作更加紧密，教育产业发展势头良好。这些成果不仅带动了学校整体发展，也为高等职业教育管理创新的更多实践提供了借鉴和参考。在未来，我们将继续深化改革创新，不断提升教育教学水平，推动高等职业教育事业的更好发展。

（三）项目实践的成果与效果

高等职业教育管理创新项目实施是教育管理领域的重要探索，通过实践项目的开展，可以有效提升高等职业教育质量和水平。在项目实践中，学校可以结合实际情况，制定合理的创新方案，通过引入新的教学方法和管理模式，不断探索和完善管理体系。通过项目实施，学校可以有效提高对学生的关怀与服务水平，促进学生的全面发展和个性化培养。同时，项目实践也为学校提供了一个展示自身特色和优势的平台，提升学校在职业教育领域的影响力和竞争力。

项目实践的成果与效果是高等职业教育管理创新的重要体现，通过项目实施的不断探索和实践，可以取得一系列积极的成果和效果。例如，项目实践可以有效促进学校教学质量的提升，培养学生的实践能力和创新精神，提升学校的师资队伍素质和教学水平。同时，项目实践也可以促进学校与企业、社会资源的合作与共享，推动高等职业教育与社会需求的对接，促进人才培养与市场需求的有效衔接。在实践中取得的成果和效果将为高等职业教育管理创新注入新的活力和动力，促进教育事业持续健康发展。

（四）项目管理的问题与建议

在高等职业教育管理创新项目实施过程中，可能会出现一些问题。其中一些常见问题包括资源分配不均、目标设定不清晰、沟通不畅等。针对这些问题，我们提出以下几点建议：要合理分配和利用项目资源，确保项目的顺利进行；明确项目的目标和任务，确保团队的整体方向一致；强化团队之间的沟通和合作，加强信息共享与交流。

在实施高等职业教育管理创新项目时，还需要注意以下几点：要关注项目实施过程中的风险管理，及时发现并解决问题；要加强对项目进展的监控与评估，确保项目的质量和效率；要注重团队建设，培养团队成员的合作意识和创新能力。

项目管理在高等职业教育管理创新中起着至关重要的作用。通过正确的管理方法和策略，可以更好地推动项目的顺利实施，达到预期的效果。希望以上建议能够为相关实践提供一定的参考和指导，促进高等职业教育管理创新的发展。

（五）项目实施的启示与体会

高等职业教育管理创新项目实施是一个复杂而又具挑战性的过程。在实践中，我们不仅需要考虑到政策的支持和指导，更需要关注到实践的有效性和可持续性。

通过项目实施的过程，我们可以深刻地认识到教育管理创新对于提升教育产业的竞争力和效率是不可或缺的。在国内外高等职业教育管理创新案例的介绍中，我们可以看到一些成功的经验和教训，这为我们在实际操作中提供了宝贵的启示。

在项目实施的过程中，我们也应该注重实践探索，通过不断地试错和总结经验，发现适合自身发展的管理创新模式。只有在实践中经受住考验的项目才能真正带来持久的影响。同时，政策支持是项目实施的重要保障，只有具有明确的政策指导和支持，项目才能稳步推进。

通过高等职业教育管理创新项目的实施，我们可以不断地完善管理机制，提升师资队伍的素质，拓展教育资源的有效利用，推动教育产业的可持续发展。在项目实施的过程中，我们也应该时刻关注对教育产业的影响和改变，不断调整和优化管理策略，以确保项目取得最佳效果。

高等职业教育管理创新的项目实施是一个重要的环节，它不仅可以推动教育管理的变革，更能为教育产业的发展注入新的活力和动力。通过实践探索和经验总结，我们可以不断提升项目的质量和影响力，为高等职业教育的可持续发展做出更大的贡献。

三、高等职业教育管理创新成果展示

（一）成果展示活动介绍

这个成果展示活动将会展示我们学校在高等职业教育管理创新方面取得的重要成果，包括理论研究、政策支持和实践探索方面的成果。我们将介绍一些国内外高等职业教育管理创新的案例，以及这些创新在教育产业中所带来的影响。同时，我们也会重点展示高等职业教育管理创新的理论基础，以及政策支持对创新的重要作用。在活动中，我们将分享我们学校在高等职业教育管理创新领域所取得的实践经验和成果，希望能够启发更多领域的研究和探索。我们期待您的参与，一起探讨高等职业教育管理创新的未来发展方向。

这个成果展示活动将会为大家呈现学校在高等职业教育管理创新方面的显著成果。除了介绍国内外高等职业教育管理创新的案例和其在教育产业中所带来的影响外，我们还将重点展示创新理论基础和政策支持的重要作用。在活动中，我们将分享学校在高等职业教育管理领域的实践经验和成果，以期激发更多研究和探索。我们热切期待您的参与，共同探讨高等职业教育管理创新的未来发展方向。通过这个成果展示活动，我们希望能够为推动高等职业教育管理领域的进步贡献我们的力量，为教育事业的发展做出更大的贡献。

（二）创新成果展示效果评估

高等职业教育管理创新的成果展示是对教育管理改革的一种重要体现，是对教育教学质量和管理效益的直接呈现。通过对创新成果的展示，可以更好地宣传和推广成功的管理创新案例，激发广大教育工作者的创新激情和实践动力。对创新成果的效果评估，可以客观地评价管理创新的实施效果，为进一步完善管理政策和实践探索提供科学依据。效果评估是对管理创新成果实际运行情况和效果的全面评估，是提升教育管理水平和服务质量的重要手段。

在进行创新成果展示效果评估时，需要充分考虑管理创新的实际落地情况和应用效果，结合教育管理领域的理论基础和政策支持，全面评估创新成果对教育产业的影响和推动作用。同时，也要关注国内外高等职业教育管理创新案例的介绍和对比分析，借鉴成功经验，提出改进意见，推动我国高等职业教育管理创新不断发展和完善。效果评估的结果将为教育管理决策提供重要参考，为教育产业的健康发展和高质量发展提供有力支撑。

（三）成果展示与交流的推广作用

高等职业教育管理创新的成果展示是推动教育事业向前发展的关键，通过展示各种管理创新的成功案例和实践成果，可以激励其他高等教育机构和管理者进行更多创新尝试。通过交流和分享，可以促进各机构之间的合作与学习，推动整个教育产业向更高水平发展。同时，成果展示也是吸引更多人参与高等职业教育管理创新的重要方式，通过展示成功案例，能够引起更多人的关注和参与，促进教育管理创新的广泛推广。展示与交流的推广作用不仅有助于提升教育管理创新的影响力和可持续性，也为教育事业的不断发展注入新的活力和动力。让我们共同努力，推动高等职业教育管理创新取得更大的成就，共同促进整个教育产业的蓬勃发展。

（四）成果展示对高等职业教育发展的助推作用

高等职业教育管理创新的成果展示是推动高等职业教育发展的重要动力，它不仅可以促进教育产业的转型升级，提升教育教学质量，还可以培养更多符合市场需求的高素质人才。通过不断探索实践，我们可以发现一些创新性的管理方法和策略，这些创新能够有效地改善教育管理模式，提高教育资源利用效率，促进教学过程的优化，同时也为教师和学生提供更多的成长空间。在政策的支持下，各种高等职业教育管理创新措施得以推广和应用，在实践中逐步形成了一套行之有效的管理体系，为高等职业教育的可持续发展奠定了坚实基础。通过展示这些成功案例和成果，可以激励更多的高校和教育机构尝试创新，不断提升教育质量和水平，进一步促进高等职业教育发展的助推作用。

四、高等职业教育管理创新模式复制推广

（一）成功创新案例的模式复制

成功的创新案例的模式复制，不仅可以加快创新成果的传播周期，还能有效降低创新的风险和成本。通过对成功案例的模式复制，可以将成功的管理经验和做法复制到其他高等职业教育机构，推动整个行业的发展和提升。

在高等职业教育管理创新的政策支持下，各地教育机构积极探索实践，推动管理创新的落地。政策支持不仅为管理创新提供了制度保障，还为实践探索提供了政策环境，激发了广大教育工作者的创新活力。

总的来说，成功创新案例的模式复制是高等职业教育管理创新的重要路径之一，可以提高教育管理效率，促进教育质量提升，推动教育产业的发展和创新。希望通过深入研究和实践探索，不断完善创新复制的机制和路径，推动高等职业教育管理创新取得更大成就。

（二）创新经验的推广应用

高等职业教育管理创新是时代的发展要求，具有重要的战略意义。通过国内外高等职业教育管理创新案例介绍，我们可以看到不同国家在教育管理方面的实践探索和经验总结，这为我们提供了宝贵的借鉴和启示。高等职业教育管理创新的理论基础是对现有教育管理体系的思考和反思，是对教育管理工作的深化和升级。这种创新不仅将影响教育产业的发展方向和方式，还将对社会整体的教育观念和文化传播产生积极的影响。政策支持是实现高等职业教育管理创新的关键，只有政策的支持和引导，创新的理念才能实现转化和落地。实践探索是高等职业教育管理创新的必然选择，只有通过实践探索，我们才能不断总结经验，完善机制，推动创新成果的复制和推广。创新经验的推广应用是高等职业教育管理创新的重要环节，只有将创新经验有效地推广应用，才能实现教育管理工作的真正提升和进步。

（三）模式复制的实践困难与挑战

高等职业教育管理创新的实践探索需要面对模式复制的实践困难与挑战。在实施过程中，复制成功的案例相对较少，很多原本成功的管理创新模式在复制时会出现困难和挑战。这可能是由于环境、文化、制度等方面的差异所导致的。同时，实践中还存在着对新模式的适应性、可行性的疑虑，以及人才培养、机制建设等方面的问题需要解决。因此，模式复制的实践并不是一帆风顺，需要综合考虑各种因素，寻找适合本地实际的解决方案，以应对困难和挑战。

五、高等职业教育管理创新实践对教育改革的启示

（一）实践经验的启示

高等职业教育管理创新的必要性在于不断适应社会发展需求，提升教育实效性和市场竞争力。国内外高等职业教育管理创新案例呈现出各具特色和成功经验。高等职业教育管理创新的理论基础是教育理念不断更新和实践积累。其对教育产业的影响在于推动教育行业的转型升级和运营模式的升级。高等职业教育管理创新得到政策支持，政策下的实践探索为实现创新发展指明了方向。实践经验的启示是在实践中不断积累经验并不断改进，为推动教育改革提供了可资借鉴的思路。

（二）问题反思与解决

教育管理创新是当前高等职业教育发展的必然趋势，国内外不乏成功的案例。在理论基础的支持下，高等职业教育管理创新已经对教育产业产生了深远的影响。政策的支持更是推动了高等职业教育管理创新的实践探索，这些实践不仅对教育改革起到了重要的启示作用，同时也带来了一系列问题需要反思和解决。

（三）实践对教育改革的借鉴意义

教育管理创新在高等职业教育领域中的重要性不言而喻，国内外的实践案例不断涌现，为我们提供了宝贵的借鉴和启示。这些案例不仅深刻展示了创新理念和方法的有效性，也为我们揭示了教育管理创新的理论基础和实践路径。在政策支持下，各级高等教育机构纷纷开展管理创新实践探索，取得了丰硕的成果。实践活动不仅为教育产业带来了新的发展机遇和动力，也为教育改革提供了宝贵的经验和借鉴。因此，加强教育管理创新实践并深入总结其借鉴意义，对于推动教育领域的改革发展具有重要的意义。

第五节 高等职业教育管理创新发展趋势展望

一、高等职业教育管理创新趋势预测

（一）教育管理创新热点领域分析

教育管理创新在当前社会发展中变得尤为重要。国内外众多高等职业教育管理创新案例的介绍，为我们提供了宝贵的经验和借鉴。这些案例不仅展示了成功的管理创新实践，更加深了我们对高等职业教育管理创新的理论基础的认识。教育管理创新对教育产业的影响，也在不断地引起各界的关注。政策支持是推动高

等职业教育管理创新的重要保障，政策下的实践探索更是必不可少。在实践探索中，我们可以不断总结经验，探索更好的管理模式，并且将这些实践的启示融入到教育改革中去。展望未来，高等职业教育管理创新仍将是一个发展的热点，趋势预测更是需要我们加倍关注。教育管理创新热点领域的分析，将有助于我们更好地了解行业动向，把握发展机遇。

（二）教育管理创新发展方向展望

高等职业教育管理创新发展方向展望：随着社会经济的快速发展，高等职业教育管理创新已成为当前教育改革的紧迫需求。在国内外高等职业教育管理创新案例的引领下，我们需要更加深入地挖掘其理论基础，探索其对教育产业的影响，同时积极寻求政策支持，开展实践探索。通过不断地实践与创新，可以为教育改革提供更多的启示，推动整个教育体系向更加科学、民主、现代的方向发展。未来，高等职业教育管理创新将不断探索发展，预测趋势也将更加有序，给教育管理创新发展方向带来更多的希望和活力。

（三）教育管理创新趋势应对策略

高等职业教育管理创新的必要性在当前教育领域备受关注，国内外许多成功案例都证明了其重要性。这种创新不仅有助于提升教育质量，更能够适应社会发展的需求。从理论基础来看，高等职业教育管理创新受到了现代管理学、教育学等学科的支持，为教育产业带来了积极的影响。政策支持也是推动创新实践的重要保障，各国纷纷出台相关政策以促进高等职业教育管理创新的发展。在实践探索过程中，我们发现创新实践不仅能够为教育改革提供启示，更能够为教育产业的未来发展指明方向。展望未来，高等职业教育管理创新将呈现出更多的发展趋势，而我们也需要做好趋势预测，制定相应的教育管理创新趋势应对策略，以应对未来挑战。

二、高等职业教育管理创新国际比较分析

（一）国外高等职业教育管理创新案例研究

美国一所知名大学在高等职业教育管理创新方面取得了显著成就，其采用了先进的数字化教学平台和个性化教学模式，大大提升了学生的学习效果。这一案例展示了创新技术在高等职业教育管理中的重要作用，为其他国家的教育管理者提供了有益的借鉴和启示。通过不断尝试和实践，这所大学在教育管理领域探索出一条符合时代发展需求的道路，为高等职业教育管理创新树立了榜样。

相较于国内，国外高等职业教育管理创新案例更加多样化和成熟化。例如，欧洲某高等教育机构通过与企业合作，开展项目式教学和实践培训，实现了教育

资源共享和创新模式探索。这一案例展现了高等职业教育管理创新的多样化途径和方法，为全球高等教育管理领域注入了新的活力和动力。通过国外案例研究，我们可以深入了解不同文化背景下的管理创新经验，借鉴其成功做法，推动我国高等职业教育管理水平的提升和发展。

（二）中外高等职业教育管理创新对比分析

高等职业教育管理创新对比分析是当前教育领域的热点话题之一，通过比较国内外的案例和实践经验，可以发现各国在高等职业教育管理创新方面存在着不同程度的差异。在理论基础上，国外更注重实用性和灵活性，而国内则更注重理论研究和标准化管理。在教育产业方面，国外的创新管理方法更能促进产业发展和经济增长，而国内则更强调传统管理和政府监管。政策支持方面，国外政府给予更多的自主权和支持，而国内政府更注重规范和监管。通过国内外的对比分析可以发现，在高等职业教育管理创新方面，各国都存在着优势和不足之处，只有通过相互借鉴和学习，才能更好地推动教育改革和发展。

（三）国际高等职业教育管理创新启示

国际高等职业教育管理创新启示：在国际比较分析中发现，各国高等职业教育管理创新的案例不仅展示了创新思维和实践，更为我们提供了宝贵的经验和启示。这些案例表明，管理创新是推动高等职业教育改革和发展的关键，通过引入先进的管理理念和方法，能够提高办学效率、促进师生创新能力的培养，以及满足社会对人才的需求。同时，这些案例也揭示了教育管理创新不仅仅是教育产业内部的事务，更需要政府和社会的政策支持和参与，形成合力推动教育事业的蓬勃发展。因此，国际高等职业教育管理创新启示着我们，要不断开拓创新思维，汲取国际先进经验，推动我国高等职业教育管理创新迈向更高的水平和广度。

（四）国际高职院校管理模式借鉴

高等职业教育管理创新中，国际高职院校管理模式的借鉴具有重要意义。国外先进的管理模式可以为我国高等职业教育的改革和发展提供宝贵经验。通过深入研究和学习国际高职院校管理模式，可以帮助我国教育管理者更好地把握教育发展的趋势，提升管理水平，不断推动教育创新。同时，国际高职院校管理模式借鉴还可以促进不同国家之间的教育交流与合作，共同推动全球高等职业教育事业的繁荣和发展。

三、高等职业教育管理创新未来展望

（一）教育管理创新未来发展方向

未来，教育管理创新将呈现出一种更加注重实用性和效益性的发展方向。在这个过程中，国内外的高等职业教育管理创新案例将不断被借鉴和推广，为教育产业带来深刻的影响。同时，高等职业教育管理创新的理论基础也将不断完善和发展，为实践探索提供坚实的支撑。政策支持将成为推动高等职业教育管理创新的关键，而实践探索则将成为政策落地的重要途径。

未来，高等职业教育管理创新的实践将更加注重合作和共赢，为教育改革提供新的启示。教育管理创新发展的趋势将朝着数字化、智能化和全球化的方向发展，以应对不断变化的教育需求。在这个过程中，教育管理创新未来的展望将更加充满希望和挑战，需要全球教育者共同努力，推动教育管理创新朝着更加健康、可持续的方向发展。

（二）教育管理创新发展趋势

教育管理创新是推动高等职业教育发展的必要措施，通过国内外高等职业教育管理创新案例的介绍，我们可以看到其理论基础和对教育产业的积极影响。在政策支持下的实践探索中，高等职业教育管理创新不仅呈现出实践成果，还为教育改革提供了有益启示。展望未来，高等职业教育管理创新仍将持续发展，其发展趋势将不断深化并影响整个教育管理领域。

（三）教育管理创新的挑战与机遇

教育管理创新的挑战与机遇在于当前社会快速发展的背景下，教育管理面临着前所未有的复杂性和挑战。同时，伴随着挑战而来的是机遇，只有不断创新和改革，才能更好地适应现代社会的需求，把握住发展的机遇。在国内外高等职业教育管理创新案例的基础上，我们可以看到，管理创新能够为教育产业带来更多的可能性和发展空间，对提升教育质量和效益起到重要的推动作用。因此，高等职业教育管理创新必须建立在扎实的理论基础之上，结合政策支持和实践探索，不断推动教育改革的进程。在未来的发展趋势和展望中，教育管理创新有着广阔的前景和潜力，但同时也面临着挑战，需要不断寻找解决问题的方法和路径，把握住发展的机遇，实现教育管理创新的可持续发展。

（四）教育管理创新的发展战略建议

当前面临的挑战是高等职业教育管理体系中存在着信息不对称、资源配置不合理、教学质量不够稳定等问题。为推动教育管理的创新，需要从以下几个方面

出发：

建议加强对教育管理团队的培训和引进。教育管理人才是推动创新的关键，他们需要具备教育管理理论知识和实践经验，同时要有开放的思维和创新意识。

需要建立完善的评估机制。通过评估教育管理的效果，可以及时发现问题并采取有效措施进行改进。评估结果也可以为教育管理决策提供科学依据。

再者，推动信息化技术在教育管理中的广泛应用。信息化技术可以提高管理效率、优化资源配置，有效解决信息不对称的问题。同时，信息化技术也可以促进教育管理的创新和发展。

建议建立多元化的教育管理体系。多元化的体系可以促进资源共享、优势互补，打破传统的管理模式，推动教育管理的创新。可以引入市场化机制，激发管理团队的创新活力。

总的来说，教育管理创新需要不断探索和实践，只有不断适应时代变化，与时俱进，才能实现高等职业教育管理的可持续发展。

第二章　高等职业教育管理的概念和特点

第一节　高等职业教育管理的定义

一、高等职业教育管理的概念

（一）高等职业教育管理的范围

高等职业教育管理是指对高等职业院校进行有效的规划、组织、领导和控制，以达到提高教育质量、培养人才和促进学校可持续发展的目标。其涵盖的范围非常广泛，主要包括以下几个方面：

高等职业教育管理涉及学校的组织和管理。这包括制定学校的发展战略和规划，制定组织结构和人员配备，管理学校的各项事务，包括招生、教学、科研、实习等，确保学校的正常运转。

高等职业教育管理涉及人才培养和教学质量保障。管理者需要设定明确的教育目标和方向，制定教学计划和教学内容，组织师资队伍建设和师资培训，以确保教育教学工作的有效开展，提高人才培养质量。

高等职业教育管理还包括与社会和行业的合作与交流。管理者需要积极对接行业需求，制定和调整培养计划，加强与企业合作，推动校企合作，提高学生的实践能力和就业竞争力。

高等职业教育管理还需要关注学生管理和服务，包括招生录取、学生培养管理、学生德育、学生就业指导等方面。管理者需要为学生提供全方位的支持和服务，促进学生成长和发展。

高等职业教育管理是一个涵盖范围广泛的领域，需要管理者具备全面的素质和能力，促进学校的稳步发展和提高教育质量。随着社会的不断发展和教育改革的深入推进，高等职业教育管理也将不断创新和完善，以满足时代的需求和挑战。

（二）高等职业教育管理的目标

高等职业教育管理的目标是为了提高教育质量，促进学生综合素质的全面发展。通过有效的管理，可以确保教学资源的合理配置，提高教学效率，促进师生之间的互动和合作。同时，高等职业教育管理的目标也包括培养学生的创新精神和实践能力，使他们能够适应社会的需求和发展。

追求这些目标是因为在当今社会，高等职业教育扮演着越来越重要的角色。随着社会经济的不断发展和技术的不断进步，人才的需求也在不断增加，特别是对于具有实践能力和创新意识的人才更是如此。而高等职业教育正是为了培养这样的人才而存在的。因此，高等职业教育管理的创新应用变得尤为重要。

高等职业教育管理的创新应用是指在管理各个环节中引入新理念、新技术和新方法，以提升管理水平和教育质量。这不仅包括对师资队伍的管理、课程设置的创新，还包括教学手段的改革和学生评价体系的完善等方面。通过不断地探索和实践，高等职业教育管理的创新应用能够促进学校的健康发展，提高教育质量，培养更多更优秀的人才，为社会的进步和发展做出贡献。

（三）高等职业教育管理的意义

高等职业教育管理在教育领域中具有重要的意义和价值。高等职业教育管理能够帮助学校和机构更好地组织教学和管理资源，提高教学质量和效率。通过科学合理的教学计划和资源配置，可以有效地提升学生的学习成绩和综合素质。高等职业教育管理能够促进教师和学生之间的有效沟通和互动，构建良好的师生关系，营造积极向上的学习氛围。

高等职业教育管理还能够促进学校的发展和创新。通过管理创新，学校可以更好地把握教育发展的脉搏，及时调整教育方针和政策，推动教育改革和现代化。高等职业教育管理的创新应用，还能激发师生的创新意识和潜能，培养学生的创新能力和实践能力，为社会和经济发展培养更多高素质的技术技能人才。

高等职业教育管理的意义在于推动教育的发展和改革，提高教学质量和效率，促进学生全面发展和就业竞争力。通过不断创新和应用管理理念和方法，不断提升高等职业教育的管理水平和效果，实现教育目标和社会效益的最大化。因此，有必要加强对高等职业教育管理创新应用的研究，推动高等职业教育事业的全面进步和发展。

二、高等职业教育管理的特点

（一）灵活性和实践性

高等职业教育管理的定义是指对高等职业教育领域中的各种资源、机制、制度进行科学规划、组织、协调、监督和评估的一种管理活动。高等职业教育管理的特点主要包括专业性、系统性、综合性和社会性等方面。在实践中，高等职业教育管理需具备灵活性，能够根据不同实际情况灵活制定管理策略，同时也需要具备实践性，能够结合实际情况运用理论知识解决实际管理问题。高等职业教育管理必须具备灵活性和实践性的双重特点，才能有效推动教育事业的发展和提升学校的办学质量。

（二）专业性和应用性

高等职业教育管理是指对高等职业教育进行规划、组织、指导、监督和评估的过程。其特点在于注重培养学生实践能力、职业技能和创新精神。高等职业教育管理具有高度的专业性和应用性，旨在为学生提供适应社会需求的实用知识和技能，帮助他们顺利就业并在职业生涯中取得成功。

（三）职业化和市场化

高等职业教育管理的定义涉及到管理职能的运用，旨在提升高等职业教育机构的办学效率和质量。高等职业教育管理的特点包括对教育资源的有效配置和利用，以及灵活的组织管理模式。职业化和市场化的意义在于更好地满足职业教育的需求，推动教育机构向市场导向的方向发展，以实现教育目标的有效实施。

（四）国际化和社会化

高等职业教育管理的概念涵盖了教育管理、职业教育和高等教育领域的知识和技能，其中主要包括对学生、教师和管理层的管理与协调。高等职业教育管理与传统教育管理不同，其特点是实践性强、就业导向性明确和专业性强。高等职业教育管理还需要注重国际化和社会化，以适应全球化时代的挑战和机遇。国际化意味着需要吸取国际先进经验，积极融入国际教育体系，实现国际交流与合作；而社会化则要求高等职业教育管理服务于社会发展，促进社会和谐稳定。通过国际化和社会化的双重努力，高等职业教育管理可以实现更高水平的创新与发展，为培养高素质人才提供更好的支持和保障。

（五）创新性和发展性

高等职业教育管理的定义是指对高等职业教育进行规划、组织、领导和控制的整体过程，符合高等职业教育的发展方向，确保教育目标的实现。其特点是紧密结合产业需求，注重实践能力培养，注重学生职业素养的培养。创新性和发展性则体现在高等职业教育管理的不断探索和尝试新的教学模式和方法，以及适应社会发展需求进行持续性的改进和提升。

三、高等职业教育管理的原则

（一）教育公平原则

高等职业教育管理的定义是指对高等职业教育机构和专业进行有效的组织和指导，以达到培养高素质技术人才、提高职业教育质量和水平的目的。高等职业教育管理的原则包括科学性、合理性、稳定性和发展性等。教育公平原则是指在教育管理过程中，要保证每个学生都有平等的接受教育的机会，不受社会、经济、地域等因素的影响，实现教育资源的公平分配和利用。

（二）教育质量原则

高等职业教育管理是指根据高等职业教育的特点和需求，运用相关管理理论和方法，对高等职业教育进行全面而系统的规划、组织、领导、控制和协调的活动。高等职业教育管理的原则主要包括目标性、科学性、系统性、灵活性、激励性和法律性等。教育质量原则是指在高等职业教育管理过程中，要始终坚持以提高学生的学习质量和教育教学效果为核心，严格把控教育质量，确保学生获得优质的教育。

（三）教育效益原则

高等职业教育管理是指对高等职业教育机构进行规范、指导和监督，以实现教育质量和教学效果的不断提升。高等职业教育管理的原则包括科学性、全面性、可操作性和灵活性，其中教育效益原则是其核心。教育效益原则是指通过科学的管理手段和方法，使教育资源得到最大化的利用，实现教育目标和效果的最大化。只有不断优化管理措施，提高办学水平，才能更好地适应社会需求，推动高等职业教育事业的发展。

四、高等职业教育管理的模式

（一）中央管理模式

高等职业教育管理的中央管理模式是指通过中央机构对各级教育管理部门进行统一管理和领导，以确保教育工作的有序进行。这种管理模式在高等职业教育领域中具有重要意义，能够提高教育资源的合理配置，优化学校管理体制，促进教育质量的提升。中央管理模式的实施需要建立健全的管理体系，完善的政策法规，以及有效的监督机制，确保教育管理工作的科学性、规范性和效率性。通过中央管理模式的运行，能够实现高等职业教育管理的目标和任务，推动教育事业不断向前发展。

（二）分权管理模式

高等职业教育管理是指对高等职业教育机构进行规划、组织、领导和控制的一种管理活动。高等职业教育管理模式是指在高等职业教育领域中应用的管理方式和方法。分权管理模式是一种管理方式，即将权力下放到组织的各个层级，使得每个层级的管理者都能够自主决策和负责。通过分权管理模式，可以有效提高高等职业教育机构的灵活性和效率，促进教育教学质量的提升。

在高等职业教育管理中，分权管理模式不仅可以提高机构的灵活性和效率，还可以激发每个管理者的主动性和责任感。通过分权管理，每个层级的管理者都能够根据自己的实际情况做出决策，并对其结果负责。这种管理方式让机构更加机动灵活，能够更快地适应外部环境的变化。同时，分权管理也鼓励管理者更加积极地参与到教育教学工作中，促进团队协作，提升整体教学效果。

在分权管理模式下，管理者之间的沟通和协作变得更加密切和顺畅。各个层级的管理者都能够根据自己的职责和权限做出决策，但在做出决策的过程中需要和其他管理者进行沟通和协商，确保各方的利益得到充分考虑。这种协作机制不仅可以避免决策的单一化和僵化化，还可以促进管理者之间的互相学习和交流，提高整体管理水平。

分权管理模式还可以激发管理者的潜能和创造力。每个管理者在面对问题和挑战时都能够根据自己的经验和智慧做出最合适的决策，而不是依赖于上级的指示。这种自主决策的方式不仅增强了管理者的责任感和使命感，还能够为机构带来更多的创新和发展机会。通过分权管理模式，高等职业教育机构能够更好地应对复杂多变的教育环境，不断提升教学质量，推动教育事业的发展。

（三）市场化管理模式

高等职业教育管理的定义是指对高等职业教育资源、师资、课程和学生进行有效管理的整体规划和实施。高等职业教育管理的模式包括行政管理模式、市场化管理模式和社会化管理模式。市场化管理模式是指以市场为导向，通过市场机制来管理和运营高等职业教育，以满足社会需求和提高教育质量。

（四）社会化管理模式

高等职业教育管理的定义是指在高等职业教育领域中对学校、师生、教学资源等进行有效管理的一种行为。高等职业教育管理的模式是指根据高等职业教育的特点和需求，采取一定的管理方法和手段进行组织和协调。社会化管理模式是在高等职业教育管理中，通过与社会各界的合作与交流，促进资源共享和信息交流，实现高效管理和精细化运作。

（五）制度化管理模式

高等职业教育管理的制度化管理模式是指建立起科学规范的管理体制和管理流程，通过制度化的方式对高等职业教育进行组织、指导和监督，实现管理的高效和可持续发展。这种管理模式能够为高等职业教育机构提供明确的管理目标、规范的管理流程和有效的管理手段，进而提升教育质量、提高教育效益，推动学校的可持续发展。通过建立和完善各种管理规章制度、流程和程序，实现资源、信息、人才等要素的科学配置和整合，确保高等职业教育的稳健发展和良性运行。制度化管理模式能够有效规范教育管理行为，提高管理效率和水平，为高等职业教育的创新发展提供坚实保障。

五、高等职业教育管理的挑战

（一）技术变革挑战

高等职业教育管理的定义涵盖了多个领域，旨在促进学生的职业技能和实践能力的提升，以应对社会和市场的需求。面对快速变化的市场环境和技术创新，高等职业教育管理面临着诸多挑战。技术变革挑战是其中之一，传统的教学模式难以满足学生对技术能力的需求，需要不断更新教学方法和培养模式，以适应时代发展的要求。技术的不断变革和更新，对高等职业教育管理提出了更高的要求，需要不断更新设备和教学资源，以提升教学质量和培养学生的实际能力。面对技术变革挑战，高等职业教育管理需要不断进行创新和改革，以适应时代的发展需求，培养出更多适应市场需求的优秀人才。

（二）人才培养挑战

人才培养挑战一直是高等职业教育管理中的重要问题。面对社会经济的快速发展和知识技能的更新换代，教育管理者需要不断调整课程设置、教学方法等方面，以适应人才市场的需求。人才培养挑战还包括了学生素质的提升、实习实训的质量保障等方面。如何在高等职业教育中培养出符合社会需求的优秀人才，是当前高等职业教育管理面临的一项重要挑战。

（三）竞争压力挑战

高等职业教育管理面临着来自多方面的竞争压力，这种挑战涉及到各个层面，包括教育资源、师资队伍、教学质量和学生就业竞争等方面。面对激烈的市场竞争和全球化的教育环境，高等职业教育管理需要不断创新和改进，以适应快速变化的社会需求。同时，高等职业教育管理还需要应对来自国内外同行院校的竞争，不断提高教育教学水平和研究成果，为学生提供更好的教育服务。在这样的竞争压力下，高等职业教育管理需要不断探索和实践，寻求突破和创新，以保持领先地位并促进教育事业的持续发展。

（四）制度创新挑战

高等职业教育管理的定义包括对教育部门及相关机构进行管理和领导，旨在提高高等职业教育的质量和效益。高等职业教育管理面临着诸多挑战，如资源配置不均衡、制度不完善、管理机制不健全等问题，需要不断创新和改革。制度创新挑战着高等职业教育管理的未来发展，需要采取有效措施来解决现有问题，推动高等职业教育的持续发展和进步，以适应社会需求和经济发展的要求。

（五）资金支持挑战

资金支持是高等职业教育管理中一个关键的挑战，因为实施教育计划和项目需要大量的资源投入。在当前经济形势下，政府预算有限，这意味着高等职业教育管理在资金支持方面面临着严峻的挑战。为了确保教育质量和教学效果，学校需要不断寻找资金来源，开发新的筹款途径，以保证教育事业的顺利开展。同时，还需要有效管理和利用现有的资金，确保教育资源的最大化利用，以实现高等职业教育的管理目标。资金支持挑战不仅需要学校管理者具备卓越的筹款能力，还需要政府和社会各界的共同努力，共同促进高等职业教育事业的发展和进步。

第二节　高等职业教育管理的发展历程

一、传统管理模式

（一）定位模糊

高等职业教育管理的定义是一个不断发展的领域。面临着诸多挑战，高等职业教育管理需要找到创新的解决方案。传统管理模式已经不能满足当前的需求，需要不断探索新的管理方式。在发展历程中，高等职业教育管理不断调整和完善自身的模式，适应时代的发展。然而，定位模糊是目前面临的主要问题之一，需要进一步明确其定位和发展方向。

（二）教育资源匮乏

高等职业教育管理的定义是指对高等职业院校进行组织、领导、规划和协调的管理活动。面临的挑战包括缺乏行业经验的管理人才、管理体系不健全、学校资源配置不均等等问题。随着时代的发展，高等职业教育管理也在不断演变和完善，通过引入先进的管理理念和技术，不断提升教育教学质量和管理水平。传统管理模式已经不能满足当前高等职业教育的需求，需要采取更加灵活、有效的管理方式来应对不断变化的教育领域。教育资源的匮乏不仅仅是物质上的资源匮乏，更是指人才、管理经验等方面的缺乏，仅有充足的资源才能支撑高等职业教育的健康发展。

（三）信息闭塞

高等职业教育管理的信息闭塞是指在传统管理模式下，信息流通受限，管理机制不够灵活，导致管理者难以有效获取和传递信息，影响管理效率和决策能力。随着社会的发展和教育观念的更新，高等职业教育管理所面临的挑战愈加明显。传统的管理模式在适应性和灵活性上存在明显不足，需要不断进行创新与改进。高等职业教育管理的发展历程充满曲折与挑战，但也正因如此，管理者们更加需要思考与实践新的管理理念和方式。

二、现代管理模式

（一）定位明确

高等职业教育管理的定义：高等职业教育管理是指对高等职业院校进行规划、组织、领导和控制的一系列活动，以实现教育质量和效益最大化的过程。

高等职业教育管理的挑战：在当前社会发展变革迅速的背景下，高等职业教育管理所面临的挑战也越来越多，如产业转型升级、就业市场需求快速变化等。

高等职业教育管理的发展历程：高等职业教育管理的发展历程经历了从传统管理模式向现代管理模式的转变，经历了管理概念不断更新、制度不断完善的过程。

现代管理模式：在现代管理模式下，高等职业教育管理需注重围绕市场需求、人才培养质量、师资队伍建设等方面进行全面管理，以适应当前社会发展需求。

定位明确：高等职业教育管理的定位需要明确教育机构的使命和目标，确立发展方向，以保证教育质量和效益的最大化。

（二）教育资源丰富

教育资源丰富指的是在高等职业教育管理领域，能够充分利用各种教育资源，包括师资、教学设施、教育技术等，为教育教学工作提供有力支持和保障。同时，教育资源的丰富也可以提升学校的教学水平和管理效率，为提高学生的综合素质和能力打下坚实基础。在现代社会，教育资源丰富已成为高等职业教育管理的重要特征之一，也是推动教育事业不断向前发展的重要动力之一。

（三）信息畅通

信息畅通是高等职业教育管理中至关重要的一环。信息的流通和传递能够促进管理工作的高效运转，提高决策的准确性和及时性。同时，信息畅通也可以帮助管理者更好地了解组织内外部环境的变化和需求，有利于及时调整管理策略和措施。在当今信息化快速发展的时代，保持信息畅通的重要性更加凸显。

（四）体制创新

在高等职业教育管理中，体制创新是指针对现有管理机制和制度进行改革和提升，以适应时代发展和教育需求的要求。通过体制创新，可以实现高等职业教育管理的现代化和高效化，提高管理效能和质量。同时，体制创新也可以促进高等职业教育与社会经济的紧密结合，推动教育事业的可持续发展。通过引入现代管理模式和理念，体制创新能够为高等职业教育管理带来新的发展机遇和挑战，推动教育管理水平不断提升，促进教育事业的蓬勃发展。

（五）教育质量提升

教育质量提升是高等职业教育管理中至关重要的一环。通过不断改进教学方法、课程设置以及学生评价体系，可以提高学生的学习效果和能力水平。只有不断追求教育质量提升，才能更好地适应社会发展的需要，培养更加优秀的职业人才。在当今竞争日益激烈的社会环境下，教育质量的提升显得尤为重要。通过科学的管理和创新的方法，可以不断完善教育质量，提升学校的声誉和影响力。

三、未来管理趋势

（一）数字化管理

高等职业教育管理的数字化管理涵盖了信息技术的运用，以提高教育管理效率和质量。数字化管理工具的广泛应用为高等职业教育管理带来了许多便利，也促进了管理方式的创新和升级。数字化管理的核心在于数据的收集、分析和运用，能够帮助管理者更好地了解学生和教职员工的需求，提供个性化的管理服务，促进教学科研的发展。数字化管理还可以实现教育资源的优化配置，提高管理的科学化和效率化水平。未来，数字化管理将成为高等职业教育管理的主要趋势，为教育管理带来更多可能性和机遇。

（二）智能化管理

高等职业教育管理的概念和特点对智能化管理提出了新的挑战，这种管理方式逐渐融入到教育管理中。未来的管理趋势将更加注重智能化管理的应用，以提高管理效率和质量。智能化管理不仅能够帮助管理者更好地实现资源整合和分配，还能够提供数据支持，帮助管理者做出更加科学的决策。高等职业教育管理的发展历程也表明，智能化管理将成为未来管理的主要趋势之一。

（三）开放式管理

高等职业教育管理的重要一环是开放式管理，它为教育管理者提供了更多的灵活性和创新性。这种管理方式能够更好地适应不断变化的教育环境，并促进教育质量的提升。开放式管理不仅注重个体发展，还强调团队协作和资源共享，以实现教育目标的共同达成。通过开放式管理，教育管理者能够更好地调动教育工作者的积极性和创造力，实现教育管理的精细化和高效化，为高等职业教育的发展注入新的活力。

（四）网络化管理

高等职业教育管理在当今社会中扮演着重要的角色，网络化管理的概念也逐渐成为关注的焦点。随着科技的不断发展，网络化管理已经成为趋势，这种管理方式的特点是高效、便捷，可以迅速传递信息，提高工作效率。未来的高等职业教育管理将更加注重网络化管理的运用，利用互联网技术提升教育管理的效率和质量。随着网络化管理的不断推广，高等职业教育管理也将迎来新的发展机遇。

（五）跨界融合管理

高等职业教育管理的定义是指在高等教育领域中，对职业教育进行规划、组织、领导和控制的过程。在当前社会发展的背景下，高等职业教育管理面临着诸多挑战，包括资源短缺、教学质量需求提升等。随着时代的变迁，高等职业教育管理也经历了不同阶段的发展历程，不断探索适应时代发展的管理模式。未来，高等职业教育管理的趋势将更加注重创新和跨界融合管理，不断拓展合作领域，促进教学与实践的结合，为培养高素质专业人才提供更好服务。

四、国际比较管理

（一）美国高等职业教育管理

美国高等职业教育管理是指在教育界的重要领域，涵盖了管理和运营各类高等职业教育机构的各种活动。在美国，高等职业教育管理面临着多种挑战，其中包括财务困难、人力资源管理、制度变革等诸多问题。随着时间的推移，美国高等职业教育管理经历了多次发展阶段，经历了不断的改革和创新，以适应不断变化的社会需求和经济发展。在国际比较中，美国高等职业教育管理具有自身独特的特点和经验，为其他国家和地区的高等职业教育管理提供了借鉴和参考。

（二）德国高等职业教育管理

德国高等职业教育管理一直被认为是世界上最为先进和完善的体系之一。其特点包括高度的实践导向和紧密的产学合作，注重培养学生的实际技能和专业知识。德国的高等职业教育管理体系已经经过多年的发展和完善，为德国的经济和社会发展做出了重要贡献。与其他国家相比，德国的高等职业教育管理更加注重实践能力和技能培养，培养出了大量的技术人才和专业人才，为德国的产业发展提供了强大的支撑。在国际比较中，德国的高等职业教育管理体系也被认为是值得学习和借鉴的榜样，其成功经验可以为其他国家的高等职业教育管理发展提供重要参考。通过研究和了解德国的高等职业教育管理，可以对自身国家的高等职业教育管理进行更深入的思考和改进，实现更好地发展和提升。

（三）日本高等职业教育管理

日本高等职业教育管理一直被认为是世界领先的。在这一领域，日本一直积极探索创新的教育管理模式，致力于培养符合市场需求的高素质专业人才。日本高等职业教育管理注重实践教学和产学合作，通过与企业紧密合作，将教育内容与实际工作需求相结合，培养学生具备实际工作能力。同时，日本高等职业教育管理注重学生的个性发展，致力于培养学生成为具有创新精神和团队合作能力的优秀人才。

五、发展管理对策

（一）制度完善

高等职业教育管理的制度完善是当前重要的任务，只有通过不断完善制度，才能有效应对各种挑战和促进行业发展。制度完善需要不断更新、优化各项规章制度，建立健全的评估体系和监督机制，确保管理工作的科学性和规范性。只有建立起完善的管理制度，才能有效提升高等职业教育的质量和效益，推动行业朝着更加健康和可持续的方向发展。

（二）人才培养

高等职业教育管理中，人才培养是至关重要的一环。通过对学生进行系统的培养和培训，能够帮助他们掌握所需的知识、技能和能力，从而更好地适应职业发展的需求。人才培养不仅涉及到教育方式和教学内容的设计，更需要关注学生个体的发展特点和需求，促进其全面成长。在高等职业教育管理的实践中，人才培养应当注重培养学生的创新能力、实践能力和团队协作能力，以适应日益多元化和复杂化的社会环境。同时，人才培养也需要与产业需求相结合，不断更新教学内容和方法，提高学生的就业竞争力，为国家和社会培养更多优秀的人才。

（三）资金支持

资金支持在高等职业教育管理中扮演着至关重要的角色。它可以帮助学校提升教学设施、改善教学质量，同时也可以促进科研项目的发展。资金支持不仅可以使学校实现可持续发展，还可以提高教师和学生的工作积极性和创新能力。因此，建立有效的资金支持体系对于高等职业教育管理的发展至关重要。同时，学校需要不断创新融资渠道，寻找更多资金来源，以应对日益增长的教育支出和需求。资金支持也需要合理分配，确保资源的有效利用和最大化效益。这样才能确保学校顺利运转，为学生提供更好的教育服务。

第三节　高等职业教育管理的创新模式

一、教育培训联盟模式

（一）产学合作

产学合作是高等职业教育管理中至关重要的一环，通过学校与企业之间的合作，为学生提供更好的实践机会和实习机会，使他们能够更好地将理论知识应用于实际工作中。这种合作模式可以帮助学校更好地了解企业的需求，为学生提供更加符合市场需求的培训方案。同时，企业也能够通过产学合作与学校建立长期、稳定的合作关系，为企业培养更具竞争力的人才，促进企业的持续发展和创新。在这种合作模式下，学校和企业可以共同探讨行业发展趋势，共同制定人才培养计划，实现人才的供需对接，为社会经济发展做出更大的贡献。

（二）企业培训

企业培训是高等职业教育管理中的重要组成部分，为培养学生的实际技能和专业知识提供了重要支持。在企业培训的过程中，学生可以通过与企业直接互动学习到最新的行业动态和前沿技术，为未来的就业做好准备。企业培训还可以有效缩短学生从学校到企业之间的适应期，提高他们在职场中的竞争力。与传统课堂学习相比，企业培训更注重实践能力的培养，帮助学生更好地将理论知识转化为实际能力。通过与企业的合作，高校可以更好地了解市场需求，调整教学计划，提升教学质量，实现双向共赢的局面。企业培训模式的引入，不仅可以为高等职业教育管理带来新的发展机遇，也为学生的职业发展打下了坚实的基础。

（三）学校合作

学校合作模式是高等职业教育管理中一种常见的合作模式，通过学校之间的合作与协同，实现资源共享、师资互补、课程交流等目的，进而提高教育教学质量，培养更多适应市场需求的高素质人才。该模式下，学校之间可以通过开展联合办学、共建共享实验室、共建实习基地等形式，共同推动教育教学和科研工作的发展，不断拓展办学领域，提升综合竞争力。在当前高等职业教育管理的背景下，学校合作模式对于促进高等职业教育的可持续发展起着重要作用。

（四）政府引导

政府引导在高等职业教育管理中发挥着重要作用，促进了相关政策的制定和实施，推动了高等职业教育管理的创新和发展。政府引导不仅能够提供政策支持，还能够引导产业和市场发展，促进高等职业教育管理体系的完善和提升。同时，政府引导还可以推动高等职业教育管理与社会经济发展的融合，为培养具备实践能力和创新能力的高素质人才提供更好的保障和支持。

二、教育信息化模式

（一）虚拟教育

虚拟教育是指通过网络技术和电子设备，实现教学和学习的过程。随着信息技术的不断发展，虚拟教育在高等职业教育管理中逐渐得到应用。通过虚拟教育平台，学生可以灵活安排学习时间，轻松获取教育资源，提高学习效率。同时，虚拟教育还可以打破传统的时空限制，让学生与老师之间的交流更加便捷和高效。在高等职业教育管理中，虚拟教育的应用将促进教学质量的提升，培养学生的自主学习能力，推动教育模式向更加开放和灵活的方向发展。

（二）在线教育

在线教育是利用互联网等现代信息技术手段，实现教学内容的传播和学习交流的教育方式。通过在线教育，学生可以随时随地进行学习，不受时间和地域的限制，大大方便了学习者的学习。同时，在线教育还可以提供更丰富多样的学习资源和互动方式，使学习过程更加生动和有效。随着科技的不断进步和普及，在线教育已经成为一种重要的教育模式，对高等教育管理也带来了机遇和挑战。

（三）大数据分析

高等职业教育管理的定义是指对高等职业教育进行有效规划、组织、领导和控制，以达到培养高素质技术技能人才的目标。在推动高等职业教育发展过程中，面临着诸多挑战，包括资源不足、师资短缺、就业压力等。高等职业教育管理经历了多年的发展历程，逐步形成了一套科学的管理体系和方法。为解决挑战，需要制定有效的发展管理对策，不断探索创新模式，如教育信息化模式和大数据分析，以提高管理效率和教育质量。

（四）云计算服务

高等职业教育管理的定义：高等职业教育管理是指对高等职业教育中的各项活动进行规划、组织、协调和控制的过程。

高等职业教育管理的挑战：在当前经济全球化、信息化的背景下，高等职业教育管理面临着前所未有的挑战和压力。

高等职业教育管理的发展历程：高等职业教育管理在不断发展壮大的过程中，经历了从传统管理到科学管理再到创新管理的演变。

发展管理对策：为应对这些挑战，需要采取一系列发展管理对策，以确保高等职业教育管理在不断完善和提高。

高等职业教育管理的创新模式：在面对新的形势和要求下，高等职业教育管理需要不断创新管理模式，以适应时代的发展需求。

教育信息化模式：教育信息化是利用信息技术和通信技术来支持教育活动的过程，是高等职业教育管理的重要发展方向之一。

云计算服务：云计算服务是一种基于互联网的计算服务模式，为高等职业教育管理提供了更加灵活、高效、安全的技术支持。

三、教育创业创新模式

（一）学校创业平台

在高等职业教育管理中，学校创业平台扮演着重要的角色。通过建立学校创业平台，可以为学生提供实践机会，培养他们的创新精神和创业能力，促进产学研合作，推动高等职业教育管理的发展。学校创业平台的建立和发展需要不断探索和创新，以适应时代发展的需求，为学生们提供更多的机会和支持。通过学校创业平台，可以培养学生的创新能力、实践能力和团队合作能力，为他们的未来就业和创业打下坚实的基础。

在实践中，学校创业平台的重要性愈发凸显。学校创业平台旨在搭建一个促进学生创新、实践和合作的平台，为学生们提供更多的机会和支持。通过学校创业平台，学生们不仅可以提升自己的创新能力和实践能力，还可以培养团队合作精神和领导能力。这些能力的培养对学生未来的就业和创业至关重要。

学校创业平台的建立和发展必须与时俱进，不断创新。随着时代的变迁和经济的发展，对学生的素质要求也在不断提高。因此，学校创业平台需要不断探索新的模式和方法，以更好地适应当今社会的需求。只有这样，学校创业平台才能真正起到促进学生发展和推动高等职业教育管理发展的作用。

在学校创业平台的帮助下，学生们可以通过实践活动提升自己的实际操作能力和团队协作能力。同时，学校创业平台也为学生提供了更广阔的发展空间和机会，让他们在实践中不断成长和完善自己。通过学校创业平台的培养，学生们可以更好地适应社会的需求，为未来的职业生涯做好准备。

总的来说，学校创业平台在高等职业教育管理中扮演着重要的角色。通过学校创业平台的建立和发展，学生不仅可以提升自己的技能和能力，还可以培养更多的创新精神和团队合作精神。学校创业平台的作用将会越来越重要，为高等职业教育的发展和学生的未来发展带来积极的影响。

（二）创新人才培养

高等职业教育管理在当前社会发展中扮演着至关重要的角色，其定义和挑战的挑战是显而易见的。随着社会的快速发展，高等职业教育管理也面临着诸多挑战和困难。然而，历经多年的发展，高等职业教育管理已经取得了长足的进步，走过了一段不平凡的发展历程。针对当前面临的挑战，我们需要制定科学的发展管理对策，以应对各种挑战和困难。同时，高等职业教育管理的创新模式也正逐渐涌现，其中教育创业创新模式为培养创新人才起到了积极的作用。通过不断探索和实践，我们可以更好地培养出符合社会需求和时代发展要求的人才，为高等职业教育管理的发展注入新的活力和动力。

（三）项目孵化中心

高等职业教育管理的发展离不开项目孵化中心的支持与推动。项目孵化中心作为一个重要的创新平台，不仅可以提供项目策划、管理、资源整合等支持，还可以加速项目的孵化和落地，促进高等职业教育管理的创新发展。在项目孵化中心的帮助下，教育创业创新模式得以快速落实，为高等职业教育管理提供了更多的创新思路和实践路径。通过项目孵化中心的运作，可以促进高等职业教育管理领域的跨界合作和资源共享，激发全社会对高等职业教育管理创新的热情与动力。

（四）产学研合作

产学研合作是指产业、学术界和科研机构之间开展合作，实现技术研究、创新发展和人才培养的共同目标。通过开展产学研合作，可以促进科研成果的转化和产业升级，提高高等职业教育管理的创新能力和竞争力。同时，产学研合作也可以促进教育与社会的互动，培养具有实践能力和创新精神的人才，为社会经济发展提供有力支持。在高等职业教育管理领域，产学研合作是实现产业需求与教育培养的有效对接，推动教育体系不断优化升级的重要途径之一。

四、教育服务外包模式

（一）教育培训外包

高等职业教育管理的定义是指对高等职业教育机构进行有效管理的过程。在面临日益激烈的竞争和不断变化的社会需求下，高等职业教育管理面临着诸多挑战。随着时代的不断发展，高等职业教育管理也经历了一系列的发展历程。为了应对挑战和推动管理的发展，需要制定相应的发展管理对策。在这一过程中，创新模式成为关键，尤其是教育服务外包模式和教育培训外包模式。通过这些创新模式，可以提高教育机构的管理效率和服务质量，促进高等职业教育事业的持续发展。

（二）人才招聘外包

人才招聘外包是一种新型的人力资源管理方式，可以帮助高等职业教育机构更加专注于教育教学工作，将招聘相关工作外包给专业的人力资源服务机构。这种模式可以有效降低招聘成本，提高招聘效率，提升人才引进质量，并且降低了管理层的负担。通过人才招聘外包，高等职业教育机构可以更加灵活地应对不断变化的市场需求，及时调整人才结构，提升整体竞争力。同时，这种模式也能够为教育机构引入更多优秀的人才，推动教育事业的发展，实现人才与教育的良性循环。

（三）教育技术外包

高等职业教育管理的定义是指对高等职业教育机构进行有效组织、领导和运营的过程。高等职业教育管理面临着诸多挑战，包括人才培养质量的提升、教学资源的整合利用、与产业对接的深化等。在发展历程中，高等职业教育管理经历了从传统管理向现代管理的转变，管理对策主要包括提升管理水平、加强质量评估以及促进教育资源共享。高等职业教育管理的创新模式包括教育服务外包模式和教育技术外包，其中教育技术外包是指将教育机构的技术需求外包给专业服务商来提供支持。

（四）课程开发外包

高等职业教育管理的创新模式之一是教育服务外包模式，其中课程开发外包是其中的重要环节。通过课程开发外包，学校可以更好地利用外部资源，提高教学质量和效率。这种模式的实施为高等职业教育管理带来了新的挑战，需要针对不同的情况制定相应的发展管理对策。历经发展历程，高等职业教育管理逐渐意识到创新的重要性，不断探索新的管理模式。在这个过程中，教育服务外包模式以及课程开发外包都成为了重要组成部分，为高等职业教育管理带来了前所未有的机遇和挑战。

五、教育智能化模式

（一）人工智能教学

高等职业教育管理的定义是一个复杂而又关键的领域，面临着诸多挑战。在长期的发展历程中，管理对策的制定是至关重要的。高等职业教育管理需要不断探索创新模式，其中教育智能化模式和人工智能教学将成为未来的发展趋势。通过引入人工智能技术，将为高等职业教育管理带来更多的可能性和活力。随着智能教学的推广和应用，高等职业教育管理将进入一个全新的发展阶段。

（二）教育大数据

教育大数据是指通过采集、整合和分析教育领域产生的大量数据，以揭示教育系统中的模式、趋势和规律。利用教育大数据可以实现个性化教育、精准招生和有效评估教学效果等目标。通过对教育大数据的深度挖掘和应用，可以为教育管理提供更有效的决策依据，推动高等职业教育的发展和提升质量。

（三）智能教学平台

高等职业教育管理的创新模式中，智能教学平台起着至关重要的作用。它是一种基于互联网和大数据技术的教育工具，可以帮助教师们更好地管理和组织教学过程，提高学生的学习效果。通过智能教学平台，学生可以方便地获取学习资料，进行在线交流和讨论，完成作业和测验等。同时，教师也可以通过平台进行教学计划制定、学生成绩管理和课程评价等工作。智能教学平台的出现，使高等职业教育管理变得更加智能化和有效率。

（四）智能教育设备

智能教育设备是指利用先进的技术和设备，在教育领域进行智能化教学和管理的工具。通过智能教育设备，教师能够更好地开展教学活动，学生也能够更加便利地获取知识和信息。智能教育设备的发展，为高等职业教育管理带来了许多机遇和挑战，也推动了高等职业教育管理的创新发展。随着科技的不断进步，智能教育设备将在高等职业教育管理中扮演越来越重要的角色，为实现教育智能化提供了有力支持。

第四节 高等职业教育管理的实践案例

一、美国高等职业教育管理实践

（一）高等职业教育体系

高等职业教育体系作为一种特殊的教育管理体系，在实践中面临着诸多的挑战和困难。然而，随着社会的不断发展和变革，高等职业教育管理也在不断创新和完善。在发展的历程中，各国学者和管理者也提出了许多管理对策，以应对高等职业教育管理的挑战。

值得注意的是，高等职业教育管理的创新模式也是当前研究的热点之一。教育智能化模式的应用不仅提高了管理效率，也为高等职业教育管理注入了新的活力。美国作为高等职业教育管理的先行者，在实践中不断探索和创新，积累了丰富的经验和案例。这些实践案例为其他国家的高等职业教育管理提供了借鉴和参考。

高等职业教育体系作为一种特殊的管理体系，需要不断创新和完善。通过吸取其他国家的经验和借鉴其管理对策，可以更好地应对高等职业教育管理的挑战，推动教育体系的发展和进步。

（二）联邦资助政策

联邦资助政策是指政府为支持高等职业教育管理事业发展而制定的一系列政策措施。在美国，联邦政府通过向高等职业教育机构提供资金支持、设立项目奖励等方式，推动高等职业教育管理的创新和发展。这些资助政策不仅有助于提升高等职业教育管理水平，还能促进人才培养和科研成果的产出。

同时，联邦资助政策也面临着一系列挑战和困难。例如，资金分配不均衡、审批程序繁琐等问题时常困扰着高等职业教育管理部门，影响了政策的实施效果。因此，需要进一步完善联邦资助政策，提高资金利用效率，促进高等职业教育管理事业的健康发展。

总的来说，联邦资助政策在美国高等职业教育管理领域发挥着重要作用，为学校创新发展提供了重要支持，同时也需要不断调整和完善，以应对日益复杂的教育管理需求。

（三）产学合作项目

产学合作项目是高等职业教育管理中的重要组成部分，旨在促进学校与企业之间的紧密联系，实现校企合作共赢的局面。通过产学合作项目，学校能够更好地了解企业的实际需求，为学生提供更加贴合市场需求的教育培训；同时，企业也能够借助学校的资源和人才，推动自身的创新发展，实现产业升级和技术创新。在美国等发达国家，产学合作项目已经得到广泛实践和认可，成为高等职业教育管理中的一种有效模式。通过产学合作项目，学生不仅能够获得理论知识，还能够通过实践项目的参与，提升自己的实际能力和就业竞争力，实现个人价值的最大化。

（四）人才培养模式

人才培养模式在高等职业教育管理中起着至关重要的作用。通过不断探索和实践，各国高校不断改进人才培养模式，以适应社会经济的发展需求。美国高等职业教育管理实践中，注重培养学生的实践能力和创新思维，通过与企业的合作实习项目，为学生提供更广阔的职场视野。教育智能化模式的引入，使人才培养更加个性化和精准化，通过大数据分析和人工智能技术，为学生提供个性化的学习辅导和职业规划指导。高等职业教育管理的创新模式需要不断优化和完善，以适应社会发展的变化和挑战。

二、德国高等职业教育管理实践

（一）职业教育体系

职业教育体系是指根据职业教育的特点和需求，构建起来的一套完整体系。这个体系主要包括职业教育的规划、课程设置、师资队伍建设、教学方法、实训基地建设以及学生就业等方面的安排。在职业教育体系中，学校、企业、政府等各方面的合作与协调至关重要。通过这样的体系规划和管理，可以保证职业教育的质量和效果，使之更好地适应社会和经济的发展需要。

（二）行业协会支持

行业协会支持是高等职业教育管理中至关重要的一环。各行业协会通过为教育管理者提供支持和指导，帮助他们更好地应对挑战，推动教育管理水平的提升。行业协会还可以促进教育机构与行业之间的紧密合作，促进教育内容与行业需求的对接，有助于培养符合市场需求的高端人才。

通过与行业协会密切合作，教育管理者可以更好地了解行业发展趋势和需求，及时调整教育方向和内容，使教育培训更具实用性和针对性。行业协会支持还可以提供丰富的资源和信息，为教育管理者提供参考和借鉴，促进高等职业教育管理的创新和发展。同时，行业协会的认可和支持也可以提升教育机构的声誉和竞争力，吸引更多优秀的学生和教师加入教育管理领域，推动高等职业教育管理的可持续发展。

（三）学徒制度

学徒制度是一种传统的培训模式，旨在培养学生的实际操作技能和专业知识。通过与企业合作，学徒们可以在实际工作场所中学习和实践，获得丰富的职业经验。这种制度有助于提高学生的就业竞争力和职业发展前景。在德国等国家，学徒制度已经成为一种成功的教育模式，为高等职业教育管理领域带来积极的影响和启示。通过学徒制度，学生可以融合理论学习和实践操作，更好地适应职业环境，并为未来的职业发展奠定良好的基础。

（四）双元制培训

双元制培训是一种结合理论教育和实践培训的教育模式，旨在为学生提供更全面、更实用的职业技能培养。这种培训模式在德国得到广泛应用，并取得了显著的成效。通过双元制培训，学生不仅可以在课堂上学习理论知识，还可以在实习和实践中获得宝贵的工作经验。这种教育模式有效地缩小了理论与实践之间的鸿沟，培养出了更加适应职场的人才。在当前社会经济快速发展的背景下，双元制培训为高等职业教育管理带来了新的发展机遇，也为其他国家的职业教育管理提供了宝贵的借鉴经验。

三、日本高等职业教育管理实践

（一）职业教育改革

职业教育管理需要重新审视和调整。高校需要采取更加灵活和多样化的管理方式来适应不断变化的职业教育需求。

在这个背景下，职业教育管理的创新模式至关重要。通过借鉴和吸收国际先进经验，结合国内实际情况，探索出适合中国高等职业教育管理的新模式。

日本的高等职业教育管理实践给我们提供了有益的借鉴。他们在教育智能化方面取得了显著成就，为我国职业教育管理的发展提供了有力参考。

职业教育改革是当务之急，只有加强管理创新和实践，才能更好地适应时代需求，推动我国高等职业教育事业持续健康发展。

（二）技能标准化

技能标准化是指对某一职业领域内所需技能和标准进行系统化、规范化的整理和归纳。通过制定明确的技能标准，可以更好地规范和指导相关教育培训，提高人才培养的质量和效率。在高等职业教育管理领域，技能标准化的重要性日益凸显。随着社会经济的不断发展和职业需求的不断变化，高等职业教育管理需要与时俱进，不断更新技能标准，以适应职业市场的需求。通过技能标准化，可以更好地培养符合市场需求的高素质人才，推动高等职业教育管理的持续发展和进步。

（三）　实习实训机会

在高等职业教育管理中，实习实训机会扮演着至关重要的角色。通过实习实训，学生有机会将理论知识应用于实际工作中，提升自己的实践能力和技能水平。同时，实习实训也为学生提供了与真实工作环境接触的机会，帮助他们更好地适应未来职业发展的挑战。

在日本高等职业教育管理实践中，实习实训机会被广泛应用。学生在实习期间可以深入了解企业运作和管理模式，增强自己的职业素养，为未来就业做好充分准备。日本的实习实训机会不仅有助于学生的个人发展，也为企业培养了大量人才，促进了社会经济的发展与进步。

因此，高等职业教育管理实践中的实习实训机会具有重要意义，对学生、企业和社会都有着积极的影响。通过不断完善实习实训机制，可以更好地促进人才培养和产业发展的良性互动，推动高等职业教育管理实践向更高水平迈进。

（四）　教育资源整合

教育资源整合是指将各种教育资源有效整合和利用，以满足高等职业教育管理的需求。在当前竞争激烈的时代，教育资源整合成为提高教育效益和提升教育实力的重要手段。通过整合各种资源，提高资源利用效率，实现资源共享和优化配置，为高等职业教育管理提供有力支撑。

在日本，高等职业教育管理注重培养学生的实践能力和创新精神，重视学生的实践能力培养和职业素养的提升。日本高等职业教育管理实践以产业界需求为导向，与企业合作开展项目实践，为学生提供更多的实践机会和职业发展支持，培养学生面对未来竞争的能力。

教育资源整合不仅仅是将各种资源整合在一起，更重要的是如何有效地利用这些资源来提升教育质量和培养学生的实践能力。在日本的高等职业教育管理实践中，学校与企业之间建立了密切的合作关系，通过项目实践的方式让学生接触真实的工作场景，提升他们的实践技能和解决问题的能力。这样的教育模式不仅能够更好地满足产业界的需求，也能够让学生在校园和企业之间建立起有效的桥梁，为他们未来的职业发展奠定坚实的基础。

教育资源整合的另一个重要方面是促进资源共享和优化配置。在日本，高等职业教育管理机构积极参与各种资源的共享计划，通过与其他学校和机构合作，充分利用各自的优势资源，共同提高教育质量和效益。同时，对资源进行优化配置，确保每一份资源都能够得到最大化的利用和价值释放。这种集体化的资源管理模式，不仅能够节约成本，还能够提升整体教育水平，提高学生的竞争力。

总的来说，教育资源整合在日本的高等职业教育管理中起着至关重要的作用。通过有效整合各种资源、与产业界建立紧密联系、促进资源共享和优化配置，日本的高等职业教育管理模式不断得到完善和提升。这种整合和利用教育资源的方式不仅有助于提高教育效益，也能够为学生提供更多的发展机会和支持，帮助他们更好地适应社会的竞争环境，实现自身的职业目标。

四、中国高等职业教育管理实践

（一）职业教育改革

职业教育改革意味着对传统教育教学模式的重新思考和调整，以适应社会经济发展和科技进步的要求。在中国高等职业教育管理实践中，职业教育改革是必不可少的一环。通过对实践案例的研究，可以更好地指导高等职业教育管理的发展，为培养适应现代社会需求的高素质人才提供有效的支持。在职业教育改革的过程中，创新模式和智能化教育将成为重要的发展方向，以提高教学质量和教学效果，推动高等职业教育管理的不断进步和发展。

（二）专业设置调整

随着时代发展和社会需求的变化，高等职业教育管理也必须不断调整专业设置，以适应新形势下的需求。专业设置的调整有利于提高教育质量和培养更适应市场需求的人才。在中国高等职业教育管理实践中，专业设置调整是一个重要环节，通过不断优化专业结构，培养更具竞争力的人才。专业设置调整的意义在于不断更新教育理念和培养目标，使学生更好地适应社会发展的需求。

（三）教学实践创新

高等职业教育管理的定义和挑战是当前研究的焦点。发展历程展现了高等职业教育管理的重要性和必要性。在面对挑战时，制定合理有效的对策至关重要。创新模式是不断探索和实践的过程，其中教育智能化模式成为发展的新方向。实践案例揭示了中国高等职业教育管理的现状和发展趋势，促进教学实践创新的全面发展。

（四）教育与产业融合

教育与产业融合是当前高等职业教育管理中一个重要的发展方向。通过教育与产业的有效融合，可以实现教育培养的人才与产业需求的有效对接，促进产业结构优化升级，推动经济社会可持续发展。中国高等职业教育管理实践中，越来越重视教育与产业的深度融合，各高校积极开展产学研一体化的实践活动，促进校企合作，共建双赢模式，为学生提供更加贴合市场需求的实践岗位，有效提升学生就业竞争力。通过教育与产业融合，不仅可以促进产业发展，也有利于教育实践的创新与提升，实现产教融合的良性循环，推动高等职业教育管理向更加专业化、市场化、智能化的方向发展。

五、国际交流与合作实践

（一）产学研合作项目

产学研合作项目是高等职业教育管理领域中的重要实践模式，旨在促进产业界、学术界和研究界间的合作与交流，推动知识和技术的创新与应用。通过产学研合作项目，学校可以借助产业界的资源和实践经验，为学生提供更加实践性的教育环境，帮助他们更好地适应未来职业发展的需求。同时，产学研合作项目也可以促进学校的教学与科研水平的提升，培养更多具有实际操作能力和创新精神的高素质人才。在国际交流与合作实践中，产学研合作项目更是发挥着重要的作用，促进不同国家和地区间的教育资源共享和合作，推动高等职业教育管理的国际化发展进程。

（二）教育国际化项目

教育国际化项目，是指高等职业教育管理领域在国际交流与合作中开展的项目，旨在提升学生的国际视野和竞争力。通过与国外院校合作，共同开设课程、交换教师、开展学生交流等方式，实现教育资源的共享和优势互补。这种项目不仅有助于丰富教育教学内容，还能提升学校的知名度和国际影响力。在推动高等职业教育管理领域的国际化发展方面发挥着重要作用。

（三）教师交流计划

高等职业教育管理的定义是指对高等职业教育机构进行规划、协调、监督和评估的一系列管理活动。在发展过程中，高等职业教育管理所面临的挑战主要包括资源配置不均衡、教育质量监管难度大、市场需求不断变化等问题。经过多年的发展历程，高等职业教育管理不断探索创新，提出了个性化发展管理对策，如开展职业教育跨学科整合、推行产学合作模式等。同时，高等职业教育管理的创新模式也不断涌现，以教育智能化为主要方向，引领高等职业教育的发展。在实践中，通过国际交流与合作，不断拓展高等职业教育的国际视野，促进教师专业素养的提升。教师交流计划作为高等职业教育管理的重要组成部分，旨在推动不同高等职业教育机构之间的教师资源共享与合作，促进教学水平的提升。

（四）学生交换项目

高等职业教育管理的定义是指通过不同方式和方法对高等职业教育进行管理和领导。高等职业教育管理面临诸多挑战，需要根据发展历程制定有效的管理对策。高等职业教育管理的发展历程经历了多次改革和创新，不断提升管理水平。在实践中，各种创新模式逐渐应用于高等职业教育管理之中，推动教育智能化模式的发展。国际交流与合作实践是高等职业教育管理的重要组成部分，学生交换项目也是一种促进国际合作的方式。

第三章 高等职业教育管理的现状与问题

第一节 高等职业教育管理的现状分析

一、高等职业教育管理的基本定义

（一）高等职业教育的涵义

高等职业教育的涵义是指一种以提高学生职业素养和实际操作能力为主要目标的教育形式，旨在培养适应社会需求的高素质技术人才。这种教育模式注重实践能力的培养，注重与市场需求的对接，强调以实际岗位要求为导向，培养学生具备直接就业能力。高等职业教育旨在培养具有良好职业素养和实践能力的人才，以满足社会对于各类技术人才的需求，推动经济发展和社会进步。

（二）高等职业教育的目标和任务

高等职业教育的目标是培养适应社会需要的高素质技术技能人才，为国家经济发展和社会进步提供坚实的人才保障。教育的任务是通过系统的教学计划和实践教学相结合的方式，培养学生的职业素养和专业技能，让他们具备解决实际问题的能力和全面发展的潜力。通过高等职业教育管理，学校能够有组织地引导学生掌握相关知识和技能，提升他们的综合素质和创新意识。这样的教育理念能够为学生的职业生涯奠定坚实的基础，为社会的人才培养提供有力支持。

（三）高等职业教育管理的内涵

高等职业教育管理的内涵是指对高等职业教育进行规范、指导和监督，以实现教育目标和效果的管理方式。它包括组织、计划、领导、协调、监督和评估等方面的活动。高等职业教育管理的内涵是对高等职业教育中各类资源、人员和活动进行科学合理的组织和调度，以确保教育质量和效益最大化。在管理实践中，高等职业教育管理要注重团队合作、信息化建设和创新发展，不断完善管理模式和方法，努力提升教育教学水平和服务质量，促进学校的可持续发展。高等职业教育管理的内涵涵盖了教育教学、科研创新、人才培养、社会服务等方面，涉及了多个管理层面和环节。通过科学的管理理念和方法，可以更好地推动高等职业教育事业的健康发展，培养更多适应社会需求的高素质职业人才。

（四）高等职业教育管理的特点

高等职业教育管理的特点包括灵活性、实践性、专业性和应用性等方面。高等职业教育管理具有较高的灵活性，能够根据市场需求和产业变革灵活调整课程设置和教学内容，确保培养出符合社会需求的专业人才。实践性是高等职业教育管理的重要特点，通过实习、实训等方式，学生能够深入了解行业实际运作，提升实际操作技能。

高等职业教育管理具有较高的专业性，课程设置和教学内容都与特定职业领域密切相关，培养学生具备专业知识和技能。同时，高等职业教育管理注重应用性，强调理论与实践相结合，培养学生具备解决实际问题的能力和技巧。

在当前经济社会发展的背景下，高等职业教育管理的特点决定了其在人才培养和社会发展中的重要性。为了适应不断变化的市场需求和产业结构，高等职业教育管理需要不断创新，提高教学质量和教育水平，促进学生就业，切实发挥其在培养人才、服务社会中的作用。通过深入研究和应用高等职业教育管理的特点，可以更好地发挥其作用，推动教育体系的不断完善和提升。

二、高等职业教育管理的重要性

（一）高等职业教育管理的意义

高等职业教育管理在今天的教育领域中扮演着至关重要的角色。随着经济的快速发展和科技的不断进步，社会对于高素质技术人才的需求日益增加，而高等职业教育正是培养这些技能人才的主要途径之一。高等职业教育不仅仅是传授知识和技能，更是培养学生的创新能力、实践能力和团队合作精神，以适应日益多样化和复杂化的社会需求。

管理创新在高等职业教育领域的应用，可以有效提升教育质量和教学效果，进一步促进学校的可持续发展。通过创新的管理模式和方法，可以更好地调动师生的积极性，提升教师教学水平和学生学习动力，实现教育教学目标的有效实施。管理创新还可以促进学校内部资源的合理配置和运用，提高办学效率，达到优质高效的办学目标。

高等职业教育管理创新的应用还可以促进学校与社会的互动与融合，搭建校企合作的桥梁，提高毕业生的就业率和就业质量。通过与企业合作，学校可以更好地了解市场需求，深化教学内容与实际工作的贴合度，提升学生的实践能力和就业竞争力，从而更好地为社会和经济发展服务。

高等职业教育管理创新的应用具有重要的意义，不仅有助于培养更多优秀的技术人才，推动教育事业的发展，还有助于提升学校的整体实力和社会声誉，为实现教育现代化和高质量发展作出积极贡献。因此，我们有必要重视高等职业教育管理创新的应用研究，不断推动教育教学改革，为建设富有活力和创新能力的社会提供更多源源不断的人才支持。

（二）高等职业教育管理的作用

高等职业教育管理的作用在于对教育资源进行合理分配和调配，为学生提供优质的教学环境和资源支持，以促进学生的综合素质提升和职业技能培养；同时，通过完善的管理机制和制度，能够有效规范教育行为，提高教育质量和教学效果，实现教育目标的有效落实。管理的合理运作可以有效提高教育教学的效率和质量，促进学校的健康发展和持续改进，为实现高等职业教育的目标和使命发挥着重要作用。同时，高等职业教育管理也是推动教育改革和发展的重要力量，可以促进教育体制实施的顺利推进，推动教育教学改革和创新，为社会经济的发展和人才培养提供有力支撑。管理的有效实施可以有效提高高等职业教育的整体水平和竞争力，实现教育与社会的良性互动和共赢。

（三）高等职业教育管理的优势

高等职业教育管理的优势在于其能够帮助学生更好地适应社会需求，提高就业竞争力。同时，通过管理的规范和有效性，可以保障高等职业教育的质量和水平。高等职业教育管理的优势还体现在提升学校管理效率和资源利用效益，以及促进职业教育与产业结合，推动校企合作和产学研结合的深度发展。高等职业教育管理的优势还在于推动教育教学改革和创新，培养更符合社会需求的高素质人才，促进社会经济的可持续发展。因此，加强高等职业教育管理，对提高教育质量、促进学生就业和社会发展都具有重要意义。

（四）高等职业教育管理的挑战

高等职业教育管理的挑战在于面对社会快速发展和变革的挑战，需要不断适应和调整管理模式，提升管理效率和质量。同时，高等职业教育管理也要面对资源不足、人才培养质量不高、学科建设不完善等问题，需要不断寻求突破和创新。在当前信息化与全球化背景下，高等职业教育管理还要面对来自国际竞争的压力，需要加强国际合作与交流，提升国际竞争力。总体来说，高等职业教育管理的挑战是多方面的，需要综合考虑各种因素，寻求更好的发展路径。

三、高等职业教育管理的发展趋势

（一）高等职业教育管理的演变过程

高等职业教育管理的演变过程始于对传统管理模式的反思和挑战，随着社会经济的不断发展和教育需求的变化，管理理念逐渐演变为以学生为中心的服务型管理。在这一过程中，高等职业教育管理的目标逐渐由简单的教学管理发展为注重培养学生综合能力和就业能力的教学管理模式。管理者们逐渐意识到，传统的管理方法已无法适应现代教育的要求，管理理念开始朝着参与式管理、开放式管理和创新型管理方向转变。这种演变过程不仅推动了高等职业教育管理的现代化，也促进了学校管理者的能力和素质的提升。在未来，高等职业教育管理的演变将继续朝着更加灵活、创新和多元化的方向发展，以更好地适应社会的变化和教育的需求。

（二）高等职业教育管理的现状和问题

高等职业教育管理作为一种特殊形式的教育管理，具有其独特的概念和特点。随着社会的不断发展，高等职业教育管理也面临着新的挑战和机遇，其发展趋势受到广泛关注。然而，目前高等职业教育管理中存在着一些现状和问题，亟需解决。

（三）高等职业教育管理的发展趋势

高等职业教育管理的概念和特点是指对高等职业教育进行规划、指导和监督，以实现高等职业教育的有效运行和持续发展。其特点主要表现在对教育资源的合理配置、对师资队伍的专业化培养、以及对学生的职业素质培养和就业指导等方面。高等职业教育管理的发展趋势包括注重教育质量提升、促进产学研深度融合、推动校企合作创新、加强国际交流与合作以及运用信息技术推动教育模式创新等方面。这些趋势将有利于高等职业教育体制的不断完善和现代化发展，促进人才培养质量的提升，推动高等职业教育迈向新的发展阶段。

高等职业教育管理的发展趋势是与时俱进的，随着社会的不断发展和变化，管理理念和方法也在不断演变。未来，高等职业教育管理将更加注重个性化教育，重视学生的个体差异性，根据不同的需求为其提供有针对性的培养计划；同时，管理将更加强调数据驱动决策，借助大数据、人工智能等技术，对教育过程进行精细化管理和分析，以提升教育质量和效益。

高等职业教育管理将更加强化教育与行业的深度融合，与企业、行业建立更紧密的合作关系，通过共建实践基地、实施双师型教师队伍建设等方式，提升学生的实践能力和就业竞争力。同时，国际化合作将成为管理的重要方向，加强国际交流与合作，引进国际先进教育理念和资源，提升高等职业教育的国际影响力和竞争力。

高等职业教育管理还将更加关注教育公平，努力解决教育资源不均衡、教育质量差异等问题，推动教育公平发展。管理将加强对教育过程的监督和评估，建立多维度评价体系，促进教育资源的均衡配置和教育质量的提升。管理还将着力推动课程改革和教学模式创新，加强教师专业发展和素质提升，构建新型的高等职业教育管理体系，以适应未来社会和经济发展的需要，推动高等职业教育的健康发展。

（四）高等职业教育管理的规划方向

高等职业教育管理的规划方向，是指根据当前社会经济发展和教育改革的需要，对高等职业教育管理工作进行有计划、有步骤的指导和规划。规划方向是指明未来发展目标和路径，为高等职业教育管理工作提供指引和依据。在当前时代背景下，高等职业教育管理的规划方向需要紧密结合国家政策及产业需求，实施教育体系和课程改革，加强教师队伍建设，促进高校与企业合作，打造高水平人才培养平台。只有不断探索创新，寻找符合时代潮流和需求的规划方向，高等职业教育管理才能更好地服务社会发展和人才培养的需求。

第二节 高等职业教育管理的理论基础

一、政策法规体系

（一）高等职业教育管理政策

高等职业教育管理政策是指国家为了推动高等职业教育发展，规范管理和促进创新的一系列政策和措施。政策的出台旨在提高高等职业教育的质量和水平，推动人才培养体系的不断完善。这些政策不仅关乎学校的管理与运营，更重要的是涉及到学生的培养目标和发展路径。通过政策的引导和支持，高等职业教育管理可以更好地适应社会需求，培养出更符合市场需求的高素质专业人才。在政策推动下，高等职业教育管理也日益趋向规范化、科学化和制度化。政策的不断完善和调整，将为高等职业教育管理的创新应用提供更有力的支持和保障。

（二）高等职业教育管理法规

高等职业教育管理法规是指在国家法律法规的指导下，对高等职业教育领域进行监管和规范的一系列文件和规定。这些法规包括了高等职业教育的目标、内容、组织、标准、评价等方面的规定，旨在确保高等职业教育的质量和发展方向符合国家的要求。同时，高等职业教育管理法规也规定了相关机构的职责和权利，以保证高等职业教育的正常运行和良好发展。在当今高等职业教育管理的发展中，各项法规的执行和落实将对整个教育体系起到积极作用。

（三）高等职业教育管理制度

高等职业教育管理制度在高等教育体系中占据重要地位，是保障教育质量和规范教育行为的关键机制。其建立旨在为高等职业教育提供指导和支持，确保教育目标的有效实现。高等职业教育管理制度具有明确的管理流程和规范，以及具体的管理措施和方法，为高等职业教育的可持续发展提供了有力的保障。同时，制度还能够引导和规范教育方向，推动高等职业教育体系的不断完善和创新。在当前经济发展和社会需求不断变化的背景下，高等职业教育管理制度也在不断适应新的挑战和变化，不断完善和提升，以适应时代发展的需要。

（四）高等职业教育管理规范

高等职业教育管理规范是指在高等职业教育领域中制定的规范性标准和准则，旨在引导和规范相关管理工作的开展。这些规范不仅包括了教育管理的基本原则和方法，还涵盖了教育教学、科研、人才培养、质量评估等方面的具体要求。它是帮助管理者有效规划、组织、协调和监督教育工作的重要指导，促进高等职业教育事业的健康发展。

二、管理理论

（一）经济学管理理论

经济学管理理论在高等职业教育管理中扮演着重要的角色。这些理论不仅为高等职业教育管理提供了指导和支持，同时也为实践中的决策和行动提供了理论依据。经济学管理理论的应用能够帮助管理者更好地理解教育组织的运作规律，从而提高管理效率和效果。通过运用经济学管理理论，可以更好地优化资源配置，提高教育质量，推动高等职业教育管理的创新和发展。

（二）组织行为管理理论

在高等职业教育管理方面，组织行为管理理论起着至关重要的作用。这一理论关注组织内部的员工行为和互动，通过研究员工的行为模式和冲突解决机制等，以提高组织绩效和员工满意度。在高等职业教育管理中，组织行为管理理论被广泛应用，以管理学生和教职员工之间的关系，优化教学流程和组织结构。通过理解和应用组织行为管理理论，高等职业教育机构可以更好地实现管理创新和提升教育质量。

（三）教育管理理论

教育管理理论是指对教育组织和机构进行规划、组织、领导、控制和评估的理论体系。高等职业教育管理作为教育管理的一个重要领域，具有其独特的概念和特点。随着社会经济的发展和教育观念的变革，高等职业教育管理正处于不断创新的过程中。同时，高等职业教育管理也受到多种因素的影响，包括政策法规、技术发展等，因此其发展趋势也呈现多样化和复杂化。在实践中，高等职业教育管理需要借鉴和应用各种管理理论，以提高教育管理效率和质量。教育管理理论的研究对于高等职业教育管理的发展具有重要意义，可以帮助教育管理者更好地规划和实施管理策略，推动教育事业的持续发展。

（四）创新管理理论

创新管理理论是指在管理实践中，借鉴先进理论和方法，通过创新的思维和方式，不断探索并应用最适合当前环境的管理策略和手段。创新管理理论的核心是不断提升组织的竞争力和适应力，以应对快速变化的市场环境和竞争压力，实现组织的可持续发展。创新管理理论的实践包括开展组织结构和流程的创新、推动员工的创新能力和创新意识培养、引领组织文化的创新和建设等多方面。

在高等职业教育管理领域，创新管理理论的应用至关重要。随着社会经济的快速发展和教育需求的不断增长，高等职业教育管理面临着越来越多的挑战和变革。创新管理理论可以帮助高等职业教育管理者把握机遇，应对挑战，推动管理体制和方式的改革和创新，实现高等职业教育的可持续发展。

通过应用创新管理理论，高等职业教育管理者可以更好地发挥团队的创新潜力，促进教学方法和教学内容的创新，提升学生的综合素质和就业竞争力。同时，创新管理理论也可以引导高等职业教育管理者加强对外部环境的观察和分析，及时调整管理策略，不断优化教育资源配置，提高管理效率和教学质量。只有不断创新，才能在激烈的竞争中立于不败之地，实现高等职业教育管理的可持续发展。

（五）国际教育管理理论

高等职业教育管理的概念和特点，是现代教育领域中的一个重要研究课题。随着社会经济的不断发展，高等职业教育管理也在不断改进和创新，以适应不断变化的教育需求。在管理理论的指导下，高等职业教育管理的发展趋势逐渐清晰，积极探索国际教育管理理论的意义，以提升管理水平和教育质量。高等职业教育管理的理论基础不断加强，使得相关研究更加深入和系统。国际教育管理理论对于高等职业教育管理的发展意义重大，为提升管理效果和实践经验提供了重要借鉴。

三、管理技术

（一）信息化管理技术

信息化管理技术是指在高等职业教育管理领域中运用信息技术手段，通过采集、存储、处理和传递信息，实现机构管理的科学化、信息化和智能化。信息化管理技术的发展已经成为推动高等职业教育管理创新的重要驱动力。在信息化管理技术的支持下，高等职业教育管理者能够更好地把握机构内外部环境的变化，及时调整管理策略，提高管理效率和管理水平。信息化管理技术的应用还可以帮助高等职业教育管理者更好地协调各项管理资源，实现资源优化配置，提升整体管理绩效。信息化管理技术已经成为高等职业教育管理的必然选择，是管理者实现管理创新、管理升级的有力工具。

（二）数据分析技术

数据分析技术在高等职业教育管理中具有重要的作用，可以帮助管理者更好地了解学生和教师的情况，提高教学质量和管理效率。数据分析技术能够通过收集、整理和分析大量的数据，为管理决策提供科学依据，帮助管理者发现问题并及时解决。同时，数据分析技术还可以帮助高等职业教育管理人员对教学过程、学生学习情况等进行深入分析，为制定更有效的管理策略提供支持。

数据分析技术还可以帮助高等职业教育管理人员更好地了解市场需求和趋势，及时调整教育方向和课程设置，确保教育质量与时俱进。通过数据分析技术，管理者可以更好地把握学生的需求和就业形势，为学生提供更符合市场需求的教育服务，提高教育的实效性和可持续性。因此，数据分析技术对于高等职业教育管理的发展具有重要的意义，对提升管理水平和教育质量有着积极的促进作用。

（三）绩效评估技术

绩效评估技术是高等职业教育管理中一项关键的技术工具，通过该技术可以对学校及其相关部门的绩效进行科学评估，客观反映教育管理工作的效果和成果。这种技术通常包括制定绩效评估指标体系、收集和整理评估数据、进行数据分析和评估结果汇报等环节。在实际应用中，绩效评估技术可帮助学校管理者及时了解学校运行情况，及时发现问题并及时采取措施进行改进，从而提高高等职业教育管理水平，促进学校可持续发展。

四、管理方法

（一）制度建设

高等职业教育管理的制度建设是在不断完善的基础上逐步形成的，旨在规范和优化教育管理的各项制度。其内涵主要包括教育管理机构设置、管理体制、管理程序和管理规范等方面。在制度建设中，需要明确教育管理的目标和任务，建立科学合理的管理机构，健全管理体系，制定规范的管理程序，加强对管理实践的监督和评估。同时，还需要不断完善制度，使之能够适应高等职业教育管理的发展需求，提高管理效率和水平。通过制度建设，可以有效提高高等职业教育管理的科学性、规范性和效果性，为促进高等职业教育事业的健康发展提供有力保障。

（二）组织管理

组织管理在高等职业教育中占据着至关重要的地位，其作用是调动和组织资源，实现学校的各项目标和任务。通过有效的组织管理，可以提高学校的运行效率和效益，推动高等职业教育事业的发展和进步。在日常管理中，需要灵活运用各种管理方法，如规划、组织、领导、控制等，以确保学校各项业务的正常运转和顺利发展。在面对日益复杂的管理环境和挑战时，需要不断更新管理理念和方法，适应时代变化，提升管理水平和能力。通过科学的组织管理，可以更好地发挥高等职业教育的功能和作用，为培养人才、促进社会发展做出积极贡献。

（三）资源配置

资源配置是指为实现高等职业教育管理的目标和任务，合理、有效地利用和整合各类资源，确保教育活动的顺利进行。资源配置不仅包括物质资源如资金、设施，还包括人力资源和信息资源等多种方面。在高等职业教育管理中，资源配置的合理性和有效性直接影响着教育质量和办学效益。为此，高等职业教育管理者需要根据教育需求和发展趋势，科学地进行资源配置，确保资源的最大化利用和优化分配，以支撑教育事业的健康发展。

（四）人才培养

高等职业教育管理的概念和特点包括对高等职业教育领域的管理和规划，注重培养学生的实践能力和职业素养，强调与产业需求的结合。高等职业教育管理的发展趋势表现为逐渐向智能化、信息化和国际化方向发展，注重创新、协同和共享。其理论基础主要包括教育管理学、职业教育学等相关理论支撑，以实践和经验为基础进行理论研究。管理方法主要包括制度建设、人才培养、实践教学等方面的管理措施。人才培养是高等职业教育管理的核心任务，旨在培养适应社会需求的高素质技术技能人才，注重学生的综合能力和职业发展。

五、管理实践

（一）高校管理实践

高校管理实践是指在高等职业教育领域内，对学校管理进行实际操作和实施的过程。在这一过程中，管理者需要根据高等职业教育的特点和需求，积极探索适合学校发展的管理模式和方法。通过实践操作，管理者不断总结经验，不断改进管理方式，提高学校的管理水平和效率，以推动学校的整体发展。高校管理实践既需要理论指导，也需要务实精神，只有在理论与实践相结合的基础上，才能更好地应对管理挑战，促进学校管理工作的顺利进行。在实践中，管理者需要不断学习、不断创新，不断适应高等职业教育管理的变化和发展，为学校提供更加优质和有效的管理服务。

（二）企业管理实践

企业管理实践的重要性不言而喻，对于高等职业教育管理而言更是至关重要。只有通过实践，管理理论才能真正得到检验和应用，并且企业管理实践可以为高等职业教育管理提供宝贵的案例和经验。企业管理实践是将理论知识与实际操作相结合，通过解决实际问题来提升管理水平和能力。在当今竞争激烈的商业环境中，企业管理实践不仅是对管理者个人能力的检验，更是对整个组织的生存和发展的考验。企业管理实践不仅要求管理者具备理论知识，更需要具备实际操作能力和创新意识。只有通过实践，管理者才能不断发展自己的管理技能，提升团队执行力，实现组织的长期发展目标。企业管理实践的成功与否关系到整个组织的成败，因此高等职业教育管理需要加强对企业管理实践的教育和培训，培养学生的实践操作能力和问题解决能力，为他们未来的职业发展奠定坚实基础。

（三）政府管理实践

政府管理实践是指政府在高等职业教育管理中的具体行动和政策制定。在当前社会发展的背景下，政府管理实践在高等职业教育领域中起着举足轻重的作用。政府管理实践旨在推动高等职业教育的健康发展，促进社会的稳定与进步。政府在高等职业教育管理中不断探索创新，积极推动政策的落实和执行，为高等职业教育提供有力支持。政府管理实践的重要性不言而喻，它能够引导和规范各类高等职业教育管理的行为，促进高等职业教育体系的完善和发展。在未来，政府管理实践将继续深化，拓展政府在高等职业教育管理中的作用，为实现高等职业教育的现代化和国际化发展贡献力量。

（四）　社会组织管理实践

高等职业教育管理实践中的社会组织管理实践是指在教育机构中对社会组织进行规范化管理的行为。通过社会组织管理实践，可以更好地协调各方资源，提高教育质量，促进学校发展。同时，社会组织管理实践也可以加强教育机构与社会各界的互动与合作，实现资源共享，促进教育改革的深入。社会组织管理实践不仅能够提升教育管理的效率和效果，还能够为教育机构创新发展提供更广阔的空间。通过社会组织管理实践，高等职业教育管理可以更好地适应社会需求，实现可持续发展。

（五）　跨界合作管理实践

跨界合作管理实践，是指不同领域、不同学科、不同产业之间的合作和交流。在高等职业教育管理中，跨界合作管理实践扮演着重要的角色。这种实践能够促进知识的交流和融合，拓展管理者的视野，提升管理水平。同时，跨界合作管理实践也有利于培养学生的综合能力和创新思维，使他们适应复杂多变的社会环境。在未来的发展中，高等职业教育管理需要更加重视跨界合作管理实践，加强国际合作，推动管理理论和实践的创新和发展。

第三节　高等职业教育管理的问题与挑战

一、教育理念转变问题

（一）　传统教育观念的约束

当前，高等职业教育管理领域正面临着一系列传统教育观念的约束。这些传统观念在一定程度上影响着管理者的思维方式和管理模式，使得在实践中难以突破传统束缚，难以解决现实问题。因此，如何有效应对这些传统教育观念的约束，是当前高等职业教育管理领域亟需解决的重要问题之一。

在当前形势下，传统教育观念的约束依然存在并且具有一定的深刻影响。管理者普遍存在着保守、守旧的思维倾向，难以接受新的管理理念和方法。传统的教育观念使得管理者们在管理实践中往往僵化、守旧，难以适应变化的外部环境和需求。这种观念的束缚使得高等职业教育管理在创新与发展方面受到了限制，无法实现更高水平的发展。

因此，为了推动高等职业教育管理的发展，需要对传统教育观念进行深刻的反思和破除，树立现代化的管理理念，积极探索符合时代要求的管理模式和方法。只有突破传统教育观念的束缚，才能够更好地适应现代社会的需求，推动高等职业教育管理迈向新的高度。

（二）教育价值导向的失衡

教育价值导向的失衡是当前高等职业教育管理面临的一个重要问题。教育的价值应当是全面的、平衡的，但实际上在高等职业教育管理中，往往存在价值导向的偏颇。这种失衡表现在对学生的专业技能培养过度强调，而忽视了学生的人文素养和思维能力的培养。教育的价值导向失衡导致学生在面对现实问题时缺乏综合分析和解决问题的能力，从而影响其发展和职业成长。为了解决这一问题，高等职业教育管理需要在课程设置、教学方法等方面进行调整，努力实现教育理念的平衡和整合，促进学生全面发展。

（三）教育创新的难题

教育创新的难题，是当前高等职业教育管理领域面临的重要挑战之一。在不断变革的社会环境下，传统的教育理念和教学模式已经无法满足现代社会的需求，因此教育创新变得尤为重要。然而，教育创新并非易事，其中存在诸多难题需要克服。教育资源的不足、师资队伍的短缺、教学内容的更新、教学方法的创新等问题都是制约教育创新的重要因素。面对这些难题，高等职业教育管理者需要积极探索解决之道，不断改进管理机制，促进教育创新的发展。教育创新的难题，需要教育管理者们认真对待，共同努力，为高等职业教育的健康发展贡献力量。

（四）教育改革的压力

高等职业教育管理的现状反映出，教育改革的压力不断增加。教育体制的转变与社会需求的变化相互作用，使得教育管理面临前所未有的挑战和压力。教育改革的要求不仅仅是量的增长，更加关注质的提升和创新，这对高等职业教育管理者提出了更高的要求和更大的挑战。同时，政策法规的不断更新和变化，也给高等职业教育管理带来了不确定性和压力，需要管理者更加灵活和敏锐地应对。在教育改革的推动下，高等职业教育管理领域需要不断创新和改进，以适应社会的发展需求和未来的挑战。

（五）教育管理的变革困境

教育管理的变革困境凸显在高等职业教育管理的发展过程中，随着社会经济的快速发展和教育需求的不断增加，管理者在管理实践中面临着许多挑战。教育管理的变革困境主要体现在管理理念的转变问题上，学校管理者需要不断更新管理理念，不断提升管理水平。高等职业教育管理的理论基础也需要不断加强与完善，使之更加符合实际需求。教育管理的变革困境并非一蹴而就，而是需要持续不断地努力和实践，以适应时代的发展和教育的改革。

二、管理体系建设挑战

（一）管理体系的协调性

高等职业教育管理的协调性是指管理体系中各要素之间相互配合、相互促进的关系。在实际管理过程中，要求各部门、各环节之间协同作战，共同实现高等职业教育的目标和使命。只有管理体系内部各环节之间形成有效的协调性，才能推动高等职业教育事业向更高水平发展。

管理体系的协调性不仅表现在内部管理过程中，还体现在管理与外部环境之间的协调性。高等职业教育管理需要与政府、企业、社会各界进行有效沟通与协作，共同应对各种挑战和问题。只有强化内外部协调性，整合各方资源和力量，高等职业教育才能真正实现创新与发展。

在当前高等职业教育管理领域，管理体系的协调性已成为重要课题。各级管理者应重视管理体系的整体性，注重统筹各要素之间的协调关系，努力构建完善的管理体系，进一步提升高等职业教育的管理水平和效果。只有管理体系内外协调性得到有效加强，高等职业教育管理才能迈向更加美好的未来。

（二）管理体系的科学性

高等职业教育管理的科学性，是指在管理实践中，遵循科学的管理原则和方法，以科学的态度对待管理问题，通过科学的分析和研究，制定科学的管理策略和措施，以提高管理效率和效果。管理体系的科学性体现在管理过程中，需注重数据的收集和分析，确保决策的科学性和准确性，同时需要遵循管理理论的指导，结合实际情况，寻求最优解决方案。科学的管理体系能够帮助组织更好地应对外部环境变化和内部挑战，实现组织目标和使命。通过科学管理体系的应用，高等职业教育机构能够更好地发挥其作用，提高教育管理效率和服务质量，推动教育事业的可持续发展。

（三）管理体系的民主性

高等职业教育管理的民主性体现在管理体系中，注重各级管理机构之间权力的平衡和互动，强调广泛的参与和民主决策。民主性的管理体系可以使决策更加科学和合理，促进教育管理工作的民主化和法治化。同时，民主性的管理体系还可以促进师生之间的沟通和互动，增强管理的透明度和执行力。在建设管理体系过程中，要充分考虑各方面的利益，确保管理决策的公平和合理性，促进高等职业教育管理工作的持续健康发展。

（四）管理体系的透明性

高等职业教育管理的透明性是指管理体系在运作中的公开、清晰和透明的特点。这种透明性是保证管理过程公正、规范和高效的重要保障。透明的管理体系可以有效地提高管理效率、减少管理中的腐败现象，并增强管理的可信度和公信力。同时，透明的管理体系也能够促进各方面的信息共享和沟通，有利于各方面的协同作用，推动高等职业教育管理的持续发展和进步。

然而，要实现高等职业教育管理的透明性并不容易，存在着一系列挑战和困难。管理体系的透明性需要建立在完善的信息公开和信息披露机制之上，而当前的管理体系中信息公开的制度和机制相对薄弱，导致信息的不对称和不透明现象普遍存在。管理体系的透明性还需要有健全的监督和问责机制来保障，但监督机制的不足和问责机制的不健全也制约了管理体系的透明度。

因此，要提高高等职业教育管理的透明性，需要进一步加强信息公开和信息披露的制度建设，加强监督和问责机制的建设，推动管理过程的规范化和透明化。只有在这样的努力下，高等职业教育管理的透明性才能得以实现，为高等职业教育的发展提供更有力的支持和保障。

三、人才培养难题

（一）人才培养模式的创新

高等职业教育管理的现状分析显示出了一些问题与挑战。其中，人才培养难题是一个亟待解决的难题。为了应对这一挑战，我们需要创新人才培养模式。通过不断探索和实践，我们可以找到更适合现代社会需求的人才培养方式。只有不断创新，才能更好地适应时代发展的需要，推动高等职业教育管理的发展。

（二）人才培养目标的调整

人才培养目标的调整是高等职业教育管理中一个重要的议题。随着社会和经济的不断发展，人才市场需求日益增长，人才培养目标也需要不断进行调整。在当前的高等职业教育管理中，人才培养目标的调整旨在更好地贴合社会的需求，培养出更符合市场需求的人才，从而提高教育教学质量，促进学生就业和社会发展。在调整人才培养目标的同时，也需要注重培养学生的实际能力和创新意识，使他们具备更强的竞争力和适应力。为了更好地适应社会的发展需求，高等职业教育管理部门需要不断关注人才市场的变化，及时调整人才培养目标，确保学生毕业后能够迅速融入社会，并为社会做出贡献。

（三）人才培养机制的完善

高等职业教育管理在目前社会中的地位变得越来越重要，其概念和特点越发凸显出来。同时，随着时代的发展，高等职业教育管理必须与时俱进，跟上时代的步伐，走向多元化、智能化的发展趋势。在这个过程中，高等职业教育管理的理论基础需要不断地加强和完善，以满足实际工作中的需求。在管理实践中，高等职业教育管理面临着诸多问题与挑战，其中人才培养难题是其中之一。为了解决这一难题，人才培养机制的完善势在必行，这不仅是对高等职业教育管理的一种挑战，更是一种机遇，促使高等职业教育管理能够更好地服务社会，满足人才需求的迫切要求。

第四节　高等职业教育管理的创新路径探索

一、教育教学模式创新

（一）新型课程开发

高等职业教育管理领域的创新一直是教育界关注的焦点，新型课程开发成为推动教育教学模式更新的有效途径。通过不断探索和实践，新型课程开发为高等职业教育管理带来了新思路和新方法。教师们在课程设计过程中注重结合实际需求，强调理论与实践相结合，注重培养学生的创新能力和实践能力。

在新型课程开发中，教师们还注重引入前沿技术和方法，提升课程的质量和实效性。通过引入信息技术、职业技能培训等内容，打造符合时代需求的课程体系，促进学生的全面发展。同时，新型课程开发也不断强调跨学科融合和实践教育，为学生提供更广阔的发展空间和更丰富的学习体验。

总的来看，新型课程开发为高等职业教育管理带来了一场革命性的变革，极大地推动了教育教学的创新与发展。通过不断探索和实践，新型课程开发必将在高等职业教育管理领域发挥重要作用，为培养更加优秀的人才做出积极贡献。

（二）教学方法变革

教学方法变革是高等职业教育管理中的重要内容之一。随着社会的不断发展和教育需求的不断变化，传统的教学方法已经不能完全满足现代学生的需求。因此，教学方法的变革变得尤为关键。通过教学方法的革新，可以更好地激发学生的学习兴趣，提高他们的学习积极性和主动性。同时，多元化的教学方法也能够更好地适应学生的个性化需求，提高教学效果。教学方法的变革不仅是对教育教学体系的一种改革，更是对教师教学水平和能力的一种挑战。只有不断更新教学方法，适应时代的发展，才能更好地推动高等职业教育的发展。

（三）学生评价机制改进

学生评价机制改进需紧密结合高等职业教育管理的特点和实际需求，倡导多元化评价方式，注重发现学生潜能和个性特长。同时，建立健全的评价体系，包括课堂表现、实践能力、创新潜力等多维度评价指标，全面客观地评价学生综合素质。应当重视学生自我评价和互评机制，引导学生自主学习和发展，提升学生参与教学管理的积极性和主动性。在评价结果运用方面，及时反馈评价结果，指导学生合理规划发展方向，促进学生成长和职业发展。

（四）教学管理体系创新

在高等职业教育管理中，教学管理体系创新是至关重要的。通过不断探索和实践，我们发现传统的管理体系已经不能完全满足当今高等职业教育的需求，因此需要进行创新。教学管理体系创新的核心在于从教学目标、教学内容、教学方法等方面进行全面的革新，以提升教学质量和培养学生的实际能力。在这个过程中，我们需要充分调动教师和学生的积极性，不断引入先进的教学理念和技术手段，促进教学管理体系的现代化发展。通过教学管理体系创新，我们可以更好地满足社会对高等职业教育的需求，培养出更多适应社会发展的高素质人才。教学管理体系创新不仅可以提升教育质量，也能促进高等职业教育的可持续发展。

（五）教育资源配置优化

高等职业教育管理中，教育资源配置优化是关键问题之一。通过科学合理的资源配置，能够有效提高教育教学水平，增强教育教学质量。教育资源包括人力资源、物质资源、信息资源等多方面的内容，优化资源配置需要全面考虑各方面的需求和实际情况，采取灵活的措施和手段，使资源得到充分利用和发挥，实现教育目标和任务的顺利完成。在当今高等职业教育管理实践中，教育资源配置优化是一个重要课题，也是推动高等职业教育改革与发展的重要保障。只有不断完善资源配置机制，才能更好地适应社会发展需求，培养更多适应市场需求的高素质人才，促进高等职业教育事业的可持续发展。

二、学校管理体制创新

（一）决策机制创新

决策机制创新对于高等职业教育管理来说是至关重要的，它可以促进学校管理体制的转变，提升管理效率和决策科学性。在当前信息化时代，高等职业教育管理需要更加注重数据分析和信息化技术的运用，以便更准确地识别问题和制定解决方案。通过建立科学、透明、民主的决策机制，可以增强学校管理的执行力和决策的可行性，从而推动高等职业教育事业的健康发展。同时，决策机制创新还可以为人才培养提供更有效的保障，更好地满足社会对专业人才的需求，推动高等职业教育与产业的深度融合。在实践中，学校可以探索多元化的决策模式，引入跨界合作与共享资源，激发全校师生的创新活力，助推高等职业教育管理的转型升级。

（二）组织管理机制改革

高等职业教育管理中的组织管理机制改革至关重要。在当前复杂多变的时代背景下，传统的管理方式已难以适应新形势下的需求。因此，学校需要不断探索和创新管理机制，以提升管理效率和水平。在这一过程中，强调团队合作、信息共享和互动沟通至关重要，可以有效提高管理主体的协调和统一行动能力。

同时，组织管理机制改革也需要与时俱进，加强信息化建设和数字化管理。通过运用先进的信息技术和管理工具，可以提升管理效率、降低成本，并有效应对不确定性和风险。要积极倡导开放、灵活、创新的管理理念，鼓励教师和管理者在实践中不断尝试和创新，为高等职业教育的管理提供更多创新动力。

在未来发展中，组织管理机制改革将继续是高等职业教育管理的重要议题。只有不断完善和优化管理机制，才能更好地适应社会变革和发展的需要，推动高等职业教育事业不断向前发展。愿我们共同努力，共同探索高等职业教育管理的创新路径，为学校的发展和人才培养贡献力量。

信息共享和互动沟通在组织管理机制改革中扮演着至关重要的角色。只有通过有效的交流和沟通，管理主体才能更好地协调各方利益，实现统一行动的目标。当今社会发展迅速，管理方式也需要与时俱进。数字化管理和信息化建设已经成为提升管理效率的有效途径。借助先进的信息技术和管理工具，可以更好地应对各种挑战和风险。

开放、灵活、创新的管理理念是推动高等职业教育管理不断发展的动力源泉。教师和管理者应当勇于尝试和创新，探索适应时代发展的管理方式。只有不断完善和优化管理机制，才能更好地适应社会变革的需要，推动高等职业教育事业蓬勃发展。

未来，组织管理机制改革将继续是高等职业教育管理的重要议题。我们需要共同努力，持续探索管理的创新路径，为学校的发展和人才培养贡献更多的力量。相信通过共同努力和不懈探索，高等职业教育管理将迎来更加辉煌的未来。愿我们携手并进，共同开创高等职业教育事业的新篇章。

（三）人才管理体系优化

高等职业教育管理中，人才管理体系优化是关键的一环。随着时代的发展和社会需求的变化，人才培养已成为整个教育体系的重要任务。优化人才管理体系，意味着要以市场需求为导向，不断调整教育内容和教学方式，培养更适应社会发展的人才。只有不断完善人才管理体系，才能有效地解决现有教育体系存在的问题和挑战，推动高等职业教育管理的创新与发展。

三、教师队伍建设创新

（一）教师激励机制改善

对于高等职业教育管理的教师激励机制，我们需要不断进行改善和探索。教师是高等职业教育的重要组成部分，他们的激励与支持直接影响着学校的教学质量和发展。因此，建立科学合理的激励机制是非常必要的。通过激励机制的改善，能够激发教师的工作热情和创造力，提高他们的工作积极性和教学水平，从而促进学校整体的发展和提高。在教师激励机制改善的过程中，需要多方面因素的考量，包括薪酬福利、职称评定、教学评价等方面的改革和完善，从而实现教师的全面发展和素质提升。通过不断探索和完善教师激励机制，可以有效地激励教师们的工作动力，进一步提升高等职业教育的教学质量和管理水平。

（二）教师培训机制加强

教师培训机制的加强是高等职业教育管理中的一项重要举措。通过不断优化和完善教师培训计划，提高教师专业素养和教学水平，以适应不断变化的教育环境和市场需求。教师培训机制的加强不仅能够有效提升教师的综合素质和教学能力，还可以促进教学质量的提升，从而推动教育教学改革的深入发展。在实践中，建立健全的教师培训体系，不断创新培训方法和途径，确保教师培训取得实效。同时，加强教师培训机制的建设，也是提升高等职业教育管理水平、培养高素质应用型人才的重要保障。

（三）教师评价体系完善

教师评价体系完善是当前高等职业教育管理中面临的重要问题之一。建立科学合理的教师评价体系，可以有效提高教师们的教学质量和水平，进而促进学生的学习效果。通过完善的评价体系，可以更好地激励教师的积极性和创造力，促进其专业发展和成长。同时，评价体系的建立也有助于建立公平公正的教师评价机制，避免评价中的片面性和主观性，确保评价结果的客观性和准确性。教师评价体系的完善是高等职业教育管理创新的重要方向之一，将为教师队伍的建设和学校管理水平的提升提供有力支撑。

（四）教师队伍建设规划

在高等职业教育管理领域，教师队伍建设规划是至关重要的一环。通过科学规划和有效实施，可以提升教师队伍整体素质，推动高等职业教育事业的快速发展。教师队伍建设规划需要充分考虑不同学科领域的教师配备情况，根据学校实际需求制定合理的师资结构和培训计划。同时，要注重引进和培养高水平教师，激发他们的教育创新和教学热情，提升教学质量和教育服务水平。通过规划，可以有效解决教师队伍流动性大、教学效果参差不齐等问题，提升高等职业教育管理水平，促进人才培养质量的提高。

（五）教师发展模式创新

教师发展模式创新是当前高等职业教育管理领域亟待解决的一个重要问题。随着社会经济的发展和教育需求的变化，教师队伍的素质和能力也面临新的挑战。传统的教育模式已经无法满足现代职业教育的需求，教师的培养与发展亟待创新。在这样的背景下，教师发展模式创新成为高等职业教育管理的重要课题之一。

教师发展模式创新不仅仅包括教师的专业知识培养，更关注教师的综合素质提升和专业能力发展。通过创新教师培训机制、激励机制、评价机制等方面，促进教师自身的成长和发展，进而提升整个高等职业教育管理水平。

教师发展模式创新还需要加强与实际教学实践的结合，注重教师的案例教学能力、实践技能和创新意识的培养，使教师在课堂教学中能够更好地引导学生，激发学生的学习兴趣和创新能力，促进学生的综合素质提升。

总的来说，教师发展模式创新是高等职业教育管理中的一项重要工作，通过这种创新，可以有效提升教师队伍的整体素质，促进学生的全面发展，推动高等职业教育管理向更高水平迈进。在未来的工作中，需要进一步探索教师发展模式创新的具体路径和方法，为高等职业教育管理的发展提供更有力的支撑。

第五节　高等职业教育管理的实践效果评估

一、教育教学效果评价

（一）学生成绩考核

学生成绩考核是高等职业教育管理中的重要组成部分，通过对学生的学习情况、能力水平和综合素质进行评估和考核，来促进学生的全面发展和提高学校的教学质量。对学生成绩的考核不仅仅是简单地对学生的学习成绩进行评价，更重要的是要综合考虑学生的学习态度、课堂表现、实践能力等方面的因素。通过科学合理的考核方式和方式，可以激发学生的学习兴趣，提高学生的学习积极性，促进学生成长成才。

学生成绩考核还可以帮助学校和教师了解学生的学习情况，及时发现和解决学生在学习过程中遇到的问题，提供个性化的学习辅导和指导。通过学生成绩考核，可以及时调整教学方向和方法，提高教学质量，为学生的学习和发展提供更好的支持和保障。在高等职业教育管理中，学生成绩考核是不可或缺的一环，只有通过科学严谨的考核机制，才能真正实现教学目标，促进学生的全面发展。

（二）就业质量评估

就业质量评估是高等职业教育管理中至关重要的一环。通过对毕业生就业状态、就业岗位匹配度等方面进行评估，可以全面了解教育教学质量和培养目标的实现情况。同时，就业质量评估也是衡量学校教育品质和办学水平的重要指标之一。只有通过对学生就业情况进行科学评估，才能及时调整教学模式和培养方向，提高学生就业竞争力和就业成功率。这也是高等职业教育管理不断发展的一个重要方向，需要不断探索创新的管理路径，并不断完善实践效果评估体系，以取得更好的教育教学效果和就业质量。

（三）学生满意度调查

据统计，高等职业教育管理的学生满意度调查是评价管理实践效果的重要指标之一。通过对学生的满意度进行调查，可以了解学生对教育教学效果的评价，从而为管理者提供改进管理策略的参考依据。学生满意度调查的结果反映了学生对高等职业教育管理的理论基础的认可程度和实践效果的满意程度，同时也揭示了在管理实践中存在的问题与挑战。为了更好地适应高等职业教育管理的发展趋势，需要不断探索创新路径，进行教师队伍建设创新，解决人才培养难题。因此，学生满意度调查不仅是一种评价手段，更是高等职业教育管理的重要参考依据，对提升管理实践的水平和质量具有重要意义。

（四）教师评估反馈

教师评估反馈是高等职业教育管理中的重要环节，通过对教师教学工作的评价和反馈，可以及时了解教学效果，发现问题并改进教学方法。教师评估反馈能够促进教师的专业发展，提高教学质量，增强学生学习体验，进而推动整体教育效果的提升。在进行教师评估反馈时，需要注重客观公正，避免主观偏见和片面性评价，确保评估结果准确有效。同时，针对评估结果，学校应该为教师提供专业培训和支持，帮助他们进一步提高教学水平和教学效果，实现教师队伍建设的创新发展。

（五）教育质量保障措施

为了确保高等职业教育管理的质量，我们需要采取一系列有效的保障措施。通过研究教育教学效果评价和实践效果评估，可以及时了解教育质量的状况，及时调整教学方向和方法。针对人才培养难题，我们需要加强教师队伍建设创新，提升教师的教学水平和专业素养。同时，探索高等职业教育管理的创新路径，不断推动管理理论与实践的结合，使教育管理更加贴近现实需求。综合上述措施，可以有效应对高等职业教育管理中面临的问题与挑战，从而提升教育质量，培养更多优秀人才。

二、管理运作效能评估

（一）资源利用效率评估

高等职业教育管理中，资源利用效率评估是至关重要的环节。通过对资源利用效率的评估，可以了解资源的使用情况，进而优化资源配置，提高教育教学的效果和效率。资源的合理利用对于高等职业教育管理的实践具有重要的指导意义。同时，资源利用效率评估也是衡量管理水平和质量的重要指标之一。只有不断优化资源利用效率，才能更好地满足高等职业教育的需求，推动教育事业的健康发展。

（二）绩效评估体系建设

绩效评估体系建设是高等职业教育管理中至关重要的一环。建立科学合理的绩效评估体系，能够有效测量和评估教育管理工作的效果和成果，为决策提供依据。同时，绩效评估体系的建设也可以激励教师和管理者更好地工作，提高整体管理水平。针对不同的管理目标和任务，绩效评估体系应该具备灵活性和多样性，能够确保对各项工作进行全面的评估。绩效评估体系的建设需要结合教育管理的实际情况，明确评估指标和标准，建立科学的评估方法和流程。只有通过不断的完善和实践，才能逐渐建立起适应高等职业教育管理需求的有效绩效评估体系。

（三）成本管理效益评估

高等职业教育管理中成本管理效益评估是一个关键的环节。通过对成本的精细分析和效益的综合评估，可以更好地指导和优化管理决策。同时，成本管理效益评估也是提高管理效率和质量的重要手段。在实践中，对资源的有效配置和利用，对教育教学过程的监督和改进，都离不开对成本管理效益的评估。因此，高等职业教育管理领域需要不断探索和创新成本管理效益评估的方法和模式，以提升管理水平和服务质量。

（四）经营风险控制评估

经营风险控制评估是高等职业教育管理中至关重要的一环。在当前市场竞争激烈的背景下，高等职业教育机构需要不断评估和控制经营风险，确保机构的可持续发展。通过对管理决策的科学评估，可以及时发现和应对可能存在的各种风险，避免损失和危机。同时，经营风险控制评估也是为了提高管理的有效性和效率，增强机构对市场变化的适应能力。通过建立科学的风险控制机制，高等职业教育机构可以更好地应对外部环境的不确定性，确保教育教学和管理运作的顺利进行。在实践中，经营风险控制评估需要综合考虑各方面因素，包括市场风险、战略风险、财务风险等，以确保高等职业教育机构在竞争激烈的现代社会中稳健发展。

三、学校社会责任评估

（一）社会影响力评估

高等职业教育管理的社会影响力评估是评价高等职业教育机构在社会中发挥作用的重要标准之一。通过对高等职业教育管理的社会影响力进行评估，可以全面了解学校在社会发展中的地位和作用，从而为学校未来的发展提供参考和指导。社会影响力评估的结果将反映高等职业教育管理对社会生产力、经济发展、人才培养和社会稳定等方面的影响，为学校的长期发展规划和战略部署提供重要参考依据。

（二）社会贡献度评估

在高等职业教育管理的实践中，评估学校的社会贡献度至关重要。通过对学校在社会发展进程中所作出的贡献进行评估，可以更好地了解学校在高等职业教育管理领域的作用和影响力。社会贡献度评估旨在评价学校在社会中所发挥的积极作用，包括为社会培养人才、推动科研创新、服务社会需求等方面的贡献。这种评估不仅可以帮助学校更好地了解自身的发展状况，也可以为学校未来的发展方向提供重要参考。通过对学校社会责任的评估，可以促进学校在高等职业教育管理领域的不断提升和发展，更好地服务于社会和培养优秀人才。

（三）社会信誉度评估

高等职业教育管理的社会信誉度评估是评价学校在教育过程中所展现的社会责任和道德水准的重要指标。学校的社会信誉度反映了学校在社会中的声誉和形象，对于学校的发展和影响力具有至关重要的作用。通过对学校的社会信誉度进行评估，可以深入了解学校在教育管理及实践中的表现和影响，进而促进学校内部管理和教学质量的提升，增强学校对社会的责任感和使命感。社会信誉度评估可以帮助学校不断提升自身形象，更好地服务社会、培养人才，为高等职业教育管理的创新和发展注入新的动力和活力。

（四）社会责任履行情况评估

高等职业教育管理的社会责任履行情况评估作为评估体系中的重要环节，其对于学校的整体形象和社会认可度起着至关重要的作用。通过对学校在高等职业教育管理方面的社会责任履行情况进行评估，可以有效地衡量学校在教育管理上的绩效和效益，并对未来的发展方向提出有针对性的建议。同时，社会责任履行情况评估也能够促进学校在高等职业教育管理方面的持续改进和创新，提高教育质量和管理水平，实现高等职业教育管理的可持续发展目标。

四、教育管理创新成果评估

（一）管理创新实践成果

高等职业教育管理的概念和特点是在继承传统大学教育管理经验的基础上，针对职业教育的特殊性进行深入探讨和研究。高等职业教育管理的发展趋势面临着新技术、新模式、新理念不断涌现的挑战，需要不断创新和完善。高等职业教育管理的理论基础依托于教育管理学理论，并结合职业教育的实践经验，不断丰富和拓展。

在管理实践中，高等职业教育管理面临着人才培养难题、资源整合困难等问题与挑战，需要结合产学研合作，开展多方合作，共同解决。高等职业教育管理的创新路径探索需要不断引入先进管理理念和方法，打破传统管理模式，开拓创新思路。教师队伍建设创新是高等职业教育管理的关键，需要重视教师专业化发展与教学能力提升。

高等职业教育管理的实践效果评估是管理创新实践成果的重要体现，需要建立科学的评估体系和指标，全面评估管理创新的成果。教育管理创新成果评估可以帮助高等职业教育管理者及时调整管理策略，提高管理效益。管理创新实践成果是高等职业教育管理的价值所在，通过不断的管理创新实践，推动高等职业教育管理事业的稳步发展。

在实践中，高等职业教育管理者需要不断挖掘机构内外的资源和潜力，促进管理创新实践成果的不断涌现。在师资队伍建设方面，应注重教师的专业发展和教学能力提升，激发教师的工作热情和创新意识。高等职业教育管理者还应不断推动教学管理体制的改革，促进教学资源的共享和合理利用，实现管理效益最大化。

同时，高等职业教育管理者需要关注学生的实际需求和发展情况，积极引导学生参与管理创新实践活动，培养学生的创新思维和实践能力。加强与企业、社会的合作与交流，促进校企合作项目的开展，共同探索适合高等职业教育管理实践的可持续发展模式。

管理创新实践成果的评估不仅需要注重成果本身的质量，还需考虑管理过程的透明度和公正性。建立多元化的评估机制，充分倾听各方意见和建议，形成共识，推动管理创新实践成果的不断提升与完善。只有通过持续不断的创新实践和评估，高等职业教育管理才能不断迈向更加卓越和可持续的发展之路。

（二）可持续发展效果

高等职业教育管理的可持续发展效果是评估其长期影响和持续性的重要指标。通过持续不断地优化教育管理模式和机制，高等职业教育可以更好地适应社会和经济发展的需求，有效推动人才培养工作。同时，可持续发展效果也体现在教育管理创新成果的评估上，通过有效评估和总结管理创新成果，为将来的发展提供参考和借鉴。在教师队伍建设创新方面，不断提升教师的教学水平和管理能力，促进学生全面发展，进一步提高高等职业教育的实践效果。通过创新路径探索和问题挑战的解决，高等职业教育管理可以实现更高水平的发展，为培养更多更优秀的人才作出更大的贡献。

（三）教育管理成果展望

教育管理成果展望：随着高等职业教育管理的不断发展，我们可以看到越来越多的管理模式被提出并得到实践。未来，随着技术的不断进步和社会需求的不断变化，高等职业教育管理将面临更多新的挑战和机遇。我们需要不断探索创新路径，加强教师队伍建设，提高教育管理的实践效果，以应对人才培养的难题和解决现有管理模式的问题。通过不断评估教育管理创新成果，我们可以更好地总结经验，为高等职业教育管理的未来发展提供更好的借鉴和指导。相信在不久的将来，高等职业教育管理将迎来更加美好的发展前景。

（四）教育管理成果展示

高等职业教育管理的概念和特点集合了管理与教育的精髓，是一项重要的教育管理活动。在当今社会，高等职业教育管理正处于不断发展变革的阶段，其未来发展趋势令人充满期待。高等职业教育管理的理论基础是对管理学以及教育学理论的融合，为高等职业教育体系的建设提供了有力支撑。

在管理实践中，高等职业教育管理面临诸多问题与挑战，其中人才培养难题是亟待解决的关键难题之一。为了有效应对这些问题与挑战，我们需要探索高等职业教育管理的创新路径，特别是在教师队伍建设上需要进行创新，以提高教育管理的实践效果。

　　同时，教育管理创新成果评估是至关重要的，只有通过对教育管理成果的评估，我们才能更好地展示高等职业教育管理的成果，为未来的发展提供更明确的方向和决策参考。教育管理成果展示是对高等职业教育管理工作的一种鼓励和认可，也是对其未来发展的一种激励和支持。愿高等职业教育管理能够不断发展创新，为社会培养更多更优秀的人才，为国家建设贡献更大的力量。

（五）教育管理成果分享

　　高等职业教育管理的概念和特点，发展趋势不断向前，理论基础不断完善，实践中积极探索创新路径，但也面临着诸多问题和挑战，其中人才培养难题是亟待解决的关键。教师队伍建设创新是创新路径探索的重要内容之一，通过实践效果评估和成果分享，可以更好地推动教育管理的创新发展，提升高等职业教育管理水平。

第四章　高等职业教育管理创新的意义和目标

第一节　高等职业教育管理创新的意义

一、提升教育教学质量

（一）创新教学方法

高等职业教育管理创新的意义在于提升教育教学质量。这一创新要求我们不断探索新的教学方法，不断完善现有的管理模式，以确保教育过程能够更好地服务于学生的学习需求。同时，创新的教学方法也能够激发教师的教学激情，增强他们的教学效果，使教育更具有感染力和吸引力。通过不断创新教学方法，我们能够更好地适应社会发展的需要，更好地培养出适应社会需求的高素质人才。

（二）引入先进教学技术

高等职业教育管理创新的意义在于提升教育教学质量，引入先进教学技术是其中的重要一环。通过不断创新管理方式，引入先进的教学技术，可以帮助学校更好地适应社会发展的需求，提高教育质量，培养更适应社会需要的高素质人才。只有不断创新，才能在激烈的竞争中脱颖而出，为教育事业的发展注入新的活力。

（三）推动多元化教学模式

高等职业教育管理创新的意义在于提升教育教学质量，以及推动多元化教学模式的发展。这种创新不仅可以提高学生的学习效果，还可以增强教师的教学能力，促进教育教学的改善和进步。同时，多元化的教学模式可以更好地满足不同学生的学习需求，培养他们的综合能力和创新思维，为他们的职业发展奠定坚实的基础。通过不断创新和改进，高等职业教育管理可以更好地适应社会发展的需求，促进人才培养模式的转变，加强学校与社会的对接，推动高等职业教育的健康发展。

（四）增加教育资源的有效利用

高等职业教育管理创新的意义在于提升教育教学质量，确保学生接受到全面而高质量的教育。同时，创新管理也能有效地增加教育资源的利用效率，使得有限的资源能够得到最大程度的发挥和利用。这种创新不仅可以帮助学校提高竞争力，也为学生提供更好的学习环境和培养机会。因此，高等职业教育管理创新是促进教育事业进步和实现教育目标的有效途径。

二、促进学生综合能力的发展

（一）强化实践教学环节

高等职业教育管理创新的意义在于促进学生综合能力的发展和强化实践教学环节，通过这种创新方式，学生能够更好地将理论知识与实践相结合，提升解决问题的能力和创新精神。强化实践教学环节可以让学生更深入地了解行业实际操作，培养实际操作能力和团队合作精神，使教育更具实效性，满足学生个性化发展需求。这种教育模式将有助于提高学生综合素质，使其更好地适应社会发展需求和职业发展要求。

（二）拓展学生实习机会

拓展学生实习机会是高等职业教育管理创新的重要方面，为学生提供了更多的机会去实践课堂所学知识，锻炼自己的实际操作能力和解决问题的能力。通过实习，学生可以更好地了解专业知识在实践中的应用，提高自己的专业素养和实践能力。同时，实习也为学生创造了更多的就业机会和发展空间，帮助他们顺利走向社会并更好地适应社会的需要。实习机会的拓展，不仅有利于学生个人的成长，也有助于整个高等职业教育体系的改善和进步。

（三）培养学生创新思维能力

高等职业教育管理创新的意义，在于促进学生综合能力的发展和培养学生创新思维能力。从综合能力的角度来看，创新是推动学生全面发展的关键因素，不仅要求学生在专业知识上有所突破，更需要他们具备跨学科综合能力。而培养学生创新思维能力，则是为了适应不断变化的社会和经济环境，培养学生具备创新意识和创新能力，进而引领未来发展的方向。通过高等职业教育管理创新，学生将更加积极地参与学习，提升自身能力，为国家和社会的可持续发展作出贡献。

（四）培养学生团队合作能力

高等职业教育管理创新的意义在于促进学生综合能力的发展，培养学生团队合作能力。学生通过参与实践项目和课堂互动，能够提升自己在解决复杂问题时的能力，并学会与他人合作共同实现目标。团队合作能力不仅可以加强学生的沟通技巧和决策能力，更重要的是培养学生的团队合作精神和集体意识，促进团队成员之间的信任和协作。通过高等职业教育管理创新，学生能够积累团队合作经验，提升团队合作的效率和质量，为未来的职业发展打下坚实的基础。

（五）提升学生实际操作能力

高等职业教育管理创新的意义在于促进学生综合能力的发展和提升学生实际操作能力。通过创新的教育管理方式和方法，学生可以在实践中不断提升自己的能力，并应对未来职业发展中的挑战。实际操作能力的培养不仅需要理论上的知识支持，更需要学生能够将知识应用于实际工作场景中。只有通过实际操作的练习和实践，学生才能真正掌握所学知识，并发挥自己的潜力。高等职业教育管理创新的意义就在于通过提升学生实际操作能力，为他们未来的职业发展奠定坚实的基础。

高等职业教育管理创新不仅仅是为了促进学生综合能力的发展，更重要的是为了培养学生的实践能力和解决问题的能力。在实际操作中，学生需要不断面对各种挑战和困难，才能够逐渐提升自己的能力和技能。通过创新的教育管理方式和方法，学生可以在真实的工作场景中接触到各种实际问题，从而锻炼自己解决问题的能力。只有经过实际操作的训练和实践，学生才能真正理解所学知识的应用方法，并且在实际工作中灵活运用。高等职业教育管理创新的意义在于培养学生的创新思维和实践能力，帮助他们在未来职业生涯中更好地应对各种复杂的情况和挑战。通过提升学生的实际操作能力，高等职业教育管理创新不仅可以为学生的个人发展提供支持，也可以为社会培养更多具有实际技能和解决问题能力的人才。只有通过不断的实践和实际操作，学生才能够不断完善自己，成为具有竞争力的职业人才。高等职业教育管理创新的意义在于激发学生的学习热情和创造力，引导他们不断学习和成长，为未来的职业生涯打下坚实的基础。

三、增强教育管理的透明度和效率

（一）引入信息化管理系统

高等职业教育管理创新的意义在于增强教育管理的透明度和效率，引入信息化管理系统是实现这一目标的重要举措。信息化管理系统的应用可以帮助学校建立更加高效的管理体系，提升教育管理的水平和质量。通过信息化管理系统，可以实现对各个环节的监管和控制，及时发现和解决问题，有效提高管理的透明度和效率。同时，信息化管理系统还能够为教育管理提供更多的数据支持，帮助管理者做出更加科学和合理的决策，推动教育管理的现代化和智能化发展。通过引入信息化管理系统，可以有效提升高等职业教育管理的水平，促进教育事业的健康发展。

（二）优化教学管理流程

高等职业教育管理创新的意义在于增强教育管理的透明度和效率，优化教学管理流程。这不仅有助于提升教育管理的质量，更能够有效地提升教学成果。通过创新管理方式，可以更好地进行资源整合和分配，实现教学资源的最大化利用。同时，优化教学管理流程也有利于提升教师和学生的参与度和满意度，有效促进教学质量的持续提升。因此，高等职业教育管理创新的意义不容忽视，对于推动高等职业教育的发展和提高整体水平具有重要作用。

（三）加强师资队伍建设

高等职业教育管理创新的意义在于增强教育管理的透明度和效率。同时，这也是加强师资队伍建设的重要途径。通过不断创新管理模式和方法，可以进一步提高教育管理的效能，促进教育质量的提升。加强师资队伍建设是现代教育发展的关键之一，只有具备高素质的教师队伍，才能更好地推动高等职业教育的创新与发展。因此，高等职业教育管理创新不仅仅是为了提高管理水平，更是为了建设一支专业化、素质化的师资队伍，从而更好地适应社会需求，培养出更具竞争力和实用价值的人才。通过管理创新，可以有效推动高等职业教育的发展，为人才培养提供更好的保障。

（四）提升学校管理水平

高等职业教育管理创新的意义在于增强教育管理的透明度和效率，提升学校管理水平。通过创新管理模式和方法，可以使管理工作更加科学、规范和高效，提高管理效能和服务质量，使学校管理更加精细化和专业化。这样不仅可以更好地满足社会对教育的需求，也可以促进教育事业更好地发展，实现教育办学目标和使命。

（五）完善评估考核机制

高等职业教育管理创新的意义在于增强教育管理的透明度和效率，同时完善评估考核机制，提升整体教育质量。透明度和效率的提升可以加强学校内部各部门之间的沟通与协作，使管理更加有序高效。评估考核机制的完善能够更好地评价教育质量和教学效果，为学生提供更好的学习环境和教学资源，提高学生的学习积极性和综合素质。通过高等职业教育管理创新，可以实现教育目标的更好实现，为学生的成长和发展创造更好的条件和机会。

四、推动教育体系改革和发展

（一）促进教育资源的均衡分配

高等职业教育管理创新的意义在于推动教育体系改革和发展，促进教育资源的均衡分配。通过不断创新管理模式，可以提高教育教学质量，推动教育教学改革，实现教育资源的优化配置，使教育资源更加合理地分配到各个领域和地区，以满足不同地区和群体的教育需求，提高整体的教育水平和素质。同时，高等职业教育管理创新也可以促进产学研深度融合，实现教育资源的高效利用，为社会经济发展提供更多新的人才支持。通过不断推动教育体系的改革和发展，实现教育资源的均衡分配，高等职业教育管理创新将为国家的教育事业带来更多积极的影响和推动力。

（二）加强校企合作

加强校企合作的意义在于促进学校与企业之间的紧密合作关系，实现资源共享和优势互补。通过校企合作，学校能够更好地了解市场需求和行业动态，提高教育教学质量和实践能力；同时，企业也能够借助学校资源和人才优势，推动企业发展和创新能力。校企合作不仅可以加速高等职业教育的转型发展，还能为学生提供更多实际就业和实习机会，增强他们的实践能力和竞争力。通过加强校企合作，高等职业教育的管理创新将更加贴近社会需求和市场需求，推动教育体系改革和发展，进一步提升高等职业教育的质量和水平。

（三）推动人才培养模式创新

高等职业教育管理创新的意义，在于推动教育体系改革和发展。同时，通过推动人才培养模式的创新，可以更好地适应社会发展的需要，培养更具竞争力和实践能力的专业人才。高等职业教育管理创新还能促进产学研合作，加强实践教学环节，提升人才培养的质量和效益。通过不断创新教育管理模式，可以更好地解决人才培养过程中面临的挑战和问题，促进教育质量和水平的不断提高。高等职业教育管理创新的意义在于引领教育改革的方向，推动人才培养模式向更加适应市场需求和社会发展的方向发展。

（四）改变传统教育观念

在当今信息化快速发展的时代背景下，高等职业教育管理创新显得尤为重要。推动教育体系改革和发展，是高等职业教育管理创新的重要意义之一。另一方面，改变传统教育观念也是高等职业教育管理创新的重要目标之一。传统的教育观念在今天已经不能完全适应社会的变革和发展，需要不断进行创新和改进。高等职业教育管理创新的意义在于能够引领教育体系朝着更加科学、合理的方向发展，为培养更多优秀人才提供更有效的支持和保障。

（五）建立学校与社会的紧密联系

高等职业教育学校与社会之间的联系是非常重要的，因为它可以帮助学校更好地了解社会的需求和趋势，进而调整教育内容和培养方向，以更好地适应社会的发展。学校与社会机构、企业之间的合作关系不仅可以提供学生实习和就业机会，还可以为学生提供更多的实践机会和专业资源。

在建立学校与社会的紧密联系方面，学校可以与企业合作开展产学研项目，邀请企业专家参与教学活动，为学生提供更贴近实际的教育内容。学校还可以与社会机构合作推动技术创新和人才培养，共同探讨行业发展趋势，促进学生的综合素质提升。

通过与社会的紧密联系，高等职业教育学校可以更好地了解市场需求，及时调整专业设置和教学内容，培养更符合社会需求的人才。同时，学校也可以借助社会资源和支持，提高办学质量和水平，实现教育与社会的良性互动，共同推动教育事业的发展和进步。因此，建立和加强学校与社会的联系是高等职业教育管理创新的关键之一。

第二节 高等职业教育管理创新的目标

一、提高学生就业率

（一）加强职业技能培训

提高学生就业率是高等职业教育管理创新的一个重要目标。通过加强职业技能培训，学生将能够获得更加实用的知识和技能，从而提升他们在职场上的竞争力。随着社会经济的不断发展，职业市场对人才的需求也在不断变化，学生必须具备不断适应和提升自己的能力来应对就业市场的挑战。

为了帮助学生获取实践经验，高等职业教育管理创新需要提供更多的实习和就业机会。通过与企业建立更紧密的合作关系，学校可以为学生提供更多的实践机会，让他们在真实的工作环境中学习和成长。实践经验不仅让学生更好地理解所学知识，还可以提升他们在职场上的实际能力，增加就业的竞争力。

除了提供更多的实践机会，高等职业教育管理创新还需要重视学生的综合素质培养。除了技能培训，学校还应该注重学生的思维能力、创新能力和团队合作能力的培养，这些素质也是在职场中非常重要的。通过全面的素质培养，学生可以更好地适应职业市场的需求，提高自己在竞争激烈的职场中的立足之地。

总的来看，高等职业教育管理创新的应用研究是为了更好地服务学生，提高他们的就业率和职场竞争力。通过不断创新和改进，高等职业教育将能够更好地适应时代发展的需求，培养出更具竞争力的优秀人才。

（二）拓宽就业渠道

为了实现高等职业教育管理创新的目标，拓宽就业渠道变得尤为重要。随着社会的不断发展和变化，传统的就业方式已经无法满足不断增长的就业需求。因此，开拓不同行业、领域的就业机会，帮助学生更广泛地接触就业资源，成为当前教育管理创新的关键问题之一。

在当今竞争激烈的就业市场中，拥有多样化的技能和知识背景是脱颖而出的重要因素。高等职业教育管理创新要求学校和企业密切合作，制定更具体、更贴近实际的教学计划，为学生提供更多的实习机会和实践项目，帮助他们更好地适应就业市场的需求。

高等职业教育管理创新也需要将更多的就业资源引入校园，为学生提供更广泛的就业选择。通过建立校企合作基地、举办就业招聘会等方式，学校可以为学生提供更多的就业机会，引导他们根据个人兴趣和能力选择适合自己的职业发展方向。

总的来说，拓宽就业渠道是高等职业教育管理创新的重要举措，不仅可以提高学生的就业率，还可以帮助他们更好地融入社会，实现自身的职业发展目标。只有不断创新和改进教育管理模式，才能更好地满足社会对人才的需求，为国家的经济发展和社会进步做出更大的贡献。

（三）提升学生就业竞争力

提升学生就业竞争力是高等职业教育管理创新的核心目标之一。随着社会经济的发展和竞争的加剧，学生的就业形势面临着越来越大的挑战。为了应对这一挑战，学校和教育机构必须致力于提高学生的专业知识、技能、语言能力、沟通能力等方面，以使他们在就业市场上脱颖而出。

提升学生的专业知识是非常重要的。现代社会对各行各业的专业知识要求越来越高，只有具备扎实的专业知识背景，学生才能在就业市场上占据一席之地。技能的培养也至关重要，只有具备实践能力和动手能力的学生才能更好地适应工作岗位的需求。语言能力和沟通能力也是学生就业竞争力的重要组成部分，良好的语言表达和沟通能力可以帮助学生更好地与同事合作、与客户交流，从而更好地完成工作任务。

因此，高等职业教育管理创新应该注重提升学生在各个方面的能力，使他们更具备竞争力，能够适应日益激烈的就业环境。只有通过不断创新和改进教育管理模式，才能更好地满足社会的需求，为学生的就业前景提供更好的保障。通过提升学生就业竞争力，不仅可以实现个体的发展目标，也可以促进整个社会的进步和发展。

（四）促进毕业生创业

为实现高等职业教育管理创新的目标，促进毕业生创业是至关重要的一环。毕业生创业不仅可以促进就业，还可以推动经济发展，提高社会创新力。在当前快速发展的社会经济环境下，创业已经成为许多大学生的就业选择之一，也符合社会对创新人才的需求。

为了有效推动毕业生创业，高等职业教育机构可以通过开设创业相关课程，提供创业导师指导和资源支持，组织创业大赛和创业项目孵化等方式，激发学生创业的热情和能力。同时，建立校企合作机制，为学生提供实习和就业机会，让学生更好地了解市场需求和行业动态，为创业打下基础。

高等职业教育管理创新也需要注重培养学生的创业精神和实践能力。通过开展创业训练营、创业实践课程和创业导师制度，帮助学生树立正确的创业观念，提高他们的创业能力和抗风险能力。只有这样，才能更好地促进毕业生创业，让他们在竞争激烈的市场中脱颖而出。

总的来说，促进毕业生创业是高等职业教育管理创新中不可或缺的一环。通过不断探索和实践，高等职业教育机构可以有效推动毕业生创业，培养更多具有创新精神和实践能力的优秀人才。这也是高等职业教育管理创新的重要目标之一。

（五）引导学生就业意识

培养学生的职业规划意识是高等职业教育管理创新的重要目标之一。通过引导学生认识自己的兴趣、特长和优势，帮助他们了解不同职业领域的就业前景和要求，让他们能够为自己的职业生涯做出明智的选择。同时，培养学生的职场适应能力也至关重要。在现实工作中，学生需要具备良好的沟通能力、团队合作能力、解决问题能力等。高等职业教育管理创新应该致力于通过教学设计和实践活动，培养学生这些必要的职场技能。

除此之外，引导学生树立正确的就业观念也是重要的任务。学生应该明白，就业不仅仅是为了找到一份工作赚钱，更应该将自己的兴趣、价值观和生涯规划融入其中。他们应该树立职业道德和职业责任感，明确自己的职业目标，并且不断努力学习和提升自己，以适应未来职业发展的需要。

总的来说，高等职业教育管理创新应该以培养学生的就业意识为核心，通过引导学生制定职业规划、培养职场适应能力、树立正确的就业观念等方式，为学生的职业发展奠定坚实基础。只有这样，高等职业教育才能更好地服务于社会经济发展，满足不同行业对高端技术人才的需求，推动学校的办学水平和社会的发展进步。

二、培养适应社会需求的人才

（一）强化产学研合作

高等职业教育管理创新的意义在于推动教育体系改革和发展，而其目标则是培养适应社会需求的人才。在这一过程中，强化产学研合作显得尤为重要。产学研合作可以有效促进教育教学与实际产业需求的结合，为学生提供更具实践性、就业性的教育资源。通过产学研合作，学生可以获得更多实践机会，提升专业技能，更好地对接产业需求，更快地融入社会。同时，通过产学研合作，学校也能更好地了解行业发展趋势，调整教育教学内容，提高教学质量，更好地服务社会。强化产学研合作，有利于构建产学研深度融合、相互促进的良性循环机制，推动高等职业教育管理创新不断迈向新的高度。

（二）掌握最新职业技能

通过高等职业教育的管理创新，学生可以更好地掌握最新的职业技能，从而更好地适应社会的需求。随着科技的发展和行业的变化，许多传统职业正在发生巨大的变革，需要学生具备更新颖的知识和技能来适应市场需求。

在高等职业教育中，教师们可以通过研究当前行业的发展趋势，及时调整课程内容，引入最新的技术和理念，让学生们在校期间就能接触到最前沿的信息和技术。这样一来，学生们可以更好地了解行业的需求，准备好自己，为未来的就业做好准备。

高等职业教育也可以通过与企业合作，开展实践课程，让学生们在真实的工作环境中学习和实践，掌握实际操作技能。通过与企业的合作，学生们可以更深入地了解行业的现状和需求，提升自己的职业素养和竞争力。

高等职业教育管理的创新应用，将帮助学生更好地掌握最新的职业技能，适应社会的需求，为他们的未来就业打下坚实的基础。通过不断探索和创新，高等职业教育将更好地发挥作用，培养出更多适应社会需求的高素质人才。

（三）培养职业素养

实现高等职业教育管理创新的目标之一是培养学生的职业素养。这包括专业的职业操守、道德规范和团队协作能力等方面。培养学生的职业素养不仅是教育的重要使命，也是社会对高等职业教育的期待。

　　培养专业的职业操守对学生未来的职业生涯至关重要。学生需要具备专业知识和技能，但更需要具备正确的职业操守，能够诚实守信、勤勉敬业、严谨务实地从事自己的职业。这样才能在职业道路上取得成功，并为社会贡献自己的力量。

　　培养学生遵守道德规范的意识也是高等职业教育管理创新的重要任务。在现代社会，道德意识和行为规范越发重要，学生需要明确什么是对错，懂得尊重他人，遵守法律规定，维护公共利益。这样才能建设一个和谐稳定的社会环境。

　　培养学生的团队协作能力也是关键。在职业领域，团队协作已经成为一种常见的工作模式。学生需要学会与他人合作，尊重他人意见，有效沟通和协调，在团队中发挥自己的作用。这样才能更好地适应未来职业的发展和变化。

　　通过培养学生的职业素养，高等职业教育能够为社会培养更多合格的专业人才，满足社会对人才的需求，推动社会经济的发展和进步。

（四）培养创新创业意识

　　激发学生的创新思维是高等职业教育管理创新的重要任务之一。通过开展项目实践、创业比赛等活动，学生有机会接触实际问题，激发解决问题的想法和创新思路。同时，学校可以建立创新创业实验室，提供创新资源和支持，为学生创新提供良好平台。

　　培养创业精神是另一个重要目标。通过开设创业课程、邀请企业家讲授经验、组织实地考察等方式，学校可以帮助学生了解创业的流程和要点，激发他们创业的勇气和决心。学校可以与企业合作，提供创业支持和资源，帮助学生实践创业梦想。

　　在培养创新创业意识的过程中，提高学生的风险意识也至关重要。学校可以通过模拟创业项目、风险管理课程等方式，让学生体验到创业的风险和挑战，培养他们对风险的认识和应对能力。同时，学校也可以加强对学生的心理辅导，帮助他们面对挫折和失败，保持积极的心态，继续追求创新和创业的梦想。

　　高等职业教育管理创新应用研究的重点之一是培养学生的创新创业意识，激发他们的创新思维、培养创业精神和提高风险意识，为他们未来的发展奠定坚实基础。

三、加强国际交流与合作

（一）推动国际学术交流

　　在推动国际学术交流方面，高等职业教育管理创新应用研究至关重要。通过开展学术会议、合作研究项目等活动，不仅可以促进学术资源共享和交流，还能够拓展学术合作的广度和深度，推动教育领域的创新和发展。

举办国际学术会议是促进国际学术交流的有效途径之一。通过邀请国际知名学者和专家参与会议，并组织专题讨论和学术报告，有助于搭建学术交流平台，促进学术观点的交流和碰撞，推动学科领域的发展和进步。

开展合作研究项目也是推动国际学术交流的重要方式之一。通过与国际知名高校或研究机构开展合作研究项目，可以共同探讨前沿科技问题，开展学术合作，提升学科研究水平，并为高等职业教育管理创新提供新的思路和方法。

总的来说，高等职业教育管理创新在推动国际学术交流方面有着重要的作用，通过开展学术会议、合作研究项目等活动，可以促进学术资源的共享和交流，拓展学术合作的深度和广度，推动教育领域的创新与发展。希望在未来的发展中，高等职业教育管理创新能够更好地推动国际学术交流，实现更大的发展成果。

（二）开展国际课程合作

引进国外先进课程是高等职业教育管理创新的重要方向之一。通过引进国外先进课程，高校可以及时更新教学内容，提高教学质量，培养更适应市场需求的人才。同时，国外先进课程的引进也可以促进师资队伍的专业化和国际化，提升教师的教学水平和教学能力。

除了引进国外先进课程，开展跨国教育项目也是高等职业教育管理创新的重要举措。通过开展跨国教育项目，高校可以与国外高校合作举办联合培养项目或双学位项目，为学生提供更广阔的学习机会和发展平台。这种形式的国际合作不仅可以促进学生的学术交流，提升学术水平，还可以增强学生的国际视野和跨文化交流能力。

在开展国际课程合作的过程中，高等职业教育机构需要加强与国外高校的合作与交流，建立稳定的合作关系，确保教育合作项目的顺利开展。同时，高等职业教育机构还需要加强对学生的服务和支持，为学生提供良好的学习环境和学习资源，帮助他们更好地融入国际教育项目。

总的来说，开展国际课程合作是高等职业教育管理创新的重要举措之一，可以促进高等职业教育的国际化发展，提升教育质量，为学生提供更广阔的发展空间。

（三）提升学校国际影响力

为实现高等职业教育管理创新的目标，加强学校在国际舞台上的影响力至关重要。随着全球经济一体化的加深，国际交流与合作已成为教育领域的重要趋势。通过与国际知名学府展开深度合作，开展学术交流和人才培养项目，可以提高学校在国际教育领域的知名度和声誉。

建立国际化的教学体系，引进国际先进教育理念和资源，培养具有国际竞争力的人才，是提升学校国际影响力的关键举措。同时，加强与国外教育机构的合作，开展联合研究项目和学生交换计划，可以拓展学生的国际视野，提升学生的国际竞争力。

不仅如此，积极参与国际性教育论坛和会议，分享学校的教育理念和经验，展示学校的优势特色，也是提升学校国际影响力的有效途径。通过这些形式，让更多的国际学生和教育专家了解学校，促进学校在国际教育领域的合作与交流，进一步提升学校的国际声誉。

提升学校的国际影响力是高等职业教育管理创新的必然要求。只有不断开拓国际合作领域，提高学校在国际教育领域的知名度和声誉，才能更好地促进学校的发展和提升学生的综合素质。

四、提升高等职业教育管理水平

（一）建立科学管理制度

从建立科学管理制度的角度来看，高等职业教育管理创新的重要性不言而喻。建立健全的管理体系能够有效地调动教育工作者和学生的积极性和创造性，提高教育活动的组织性和系统性。规范的管理流程可以有效防范和化解管理风险，确保高等职业教育的顺利进行。科学管理制度还可以为高等职业教育的发展提供有力的支撑，助力学校实现自身的管理目标和使命。

在实际操作中，建立科学管理制度需要注重以下几个方面：首先是明确管理职责和权限，建立权责清晰的机构设置和岗位职责，确保每个管理者都清楚自己的责任范围和权限边界。其次是健全管理制度体系，建立起完善的管理规章制度和工作流程，确保管理活动的有序进行。还需要注重信息化建设，利用先进的信息技术手段来提高管理效率和透明度，提供决策支持和管理参考。

建立科学管理制度是高等职业教育管理创新的重要一环，只有不断完善和创新管理方式方法，才能更好地提升高等职业教育的管理水平，推动教育事业不断发展和进步。希望通过本次研究，可以为高等职业教育管理工作的改进提供一定的参考和借鉴。

（二）强化教育教学质量监控

为了提升高等职业教育的教学质量，必须强化教育教学质量监控。建立监控机制是关键的一步。通过建立完善的监控系统，能够及时收集、整合和分析教学过程中的数据，实现对教育质量的有效监测和评估。加强评估机制也是至关重要的。通过定期对教学质量进行评估，可以及时发现问题，并采取相应措施进行改进。

建立良好的反馈机制也是提升教学质量的关键。教师、学生和管理人员之间应建立有效的沟通渠道，及时反馈教学过程中存在的问题和困难，以便及时调整教学方案和改进教学方式。只有通过不断的反馈和改进，才能不断提高高等职业教育的教学质量，确保学生成才培养的效果。

总的来说，强化教育教学质量监控是高等职业教育管理创新的重要举措之一。只有通过建立监控机制、加强评估和反馈机制，才能实现高等职业教育管理水平的持续提升，推动教育体系改革和发展，为培养更多更优秀的人才提供有力保障。

（三）提升教学设施和师资建设水平

高等职业教育管理创新的意义在于推动教育体系改革和发展。而其目标则是提升高等职业教育管理水平以及提升教学设施和师资建设水平。通过不断创新和完善管理模式，可以有效提高教育质量，加强师资队伍建设，提升教学设施的条件，从而进一步推动高等职业教育的发展，为社会培养更多高素质的人才。

第三节　高等职业教育管理创新的现状和问题

一、现状分析

（一）行业发展态势

在高等职业教育管理创新的现状分析中，我们需要关注行业发展态势。行业的发展态势直接关系到高等职业教育管理创新的实施和成效。只有深刻了解行业的发展趋势，才能有针对性地进行管理创新，推动高等职业教育的发展。行业的发展态势包括产业结构、就业形势、技术发展等多个方面，这些因素将直接影响到高等职业教育的管理创新。因此，我们需要认真研究行业的发展态势，把握行业的脉搏，为高等职业教育的管理创新提供有力支撑。

（二）创新实践案例

在当前高等职业教育管理领域，创新实践案例的重要性日益凸显。通过实践案例，可以发现现有管理模式中存在的问题和不足，并根据实际情况提出相应的改进措施。同时，创新实践案例也为高等职业教育管理的发展提供了宝贵的经验和借鉴，促进了管理水平的提升。

通过研究和总结创新实践案例，可以更好地把握高等职业教育管理的发展趋势，促进教育体系的改革与发展。在实践案例中，我们不仅可以了解到成功的管理经验，还可以看到失败的案例，从而吸取教训，避免重复犯错，提升管理效率和质量。

总的来说，创新实践案例是高等职业教育管理创新的重要依据和支撑，对于推动教育体系改革和发展具有积极的意义和作用。通过不断地积累和分享创新实践案例，我们可以不断提升高等职业教育管理的水平，为培养更多高素质的人才做出更大贡献。

（三）存在问题及挑战

高等职业教育管理创新在实践中面临着一些巨大挑战，其中最主要的问题是管理体制的僵化和过时。教育管理人员未能及时适应快速变化的社会需求和教育环境，导致管理方法滞后、流程繁琐。同时，高等职业教育管理中存在的腐败现象也给创新注入了阻力，制约了管理水平的提升。与时代发展不相适应的教育理念、教学模式也是当前高等职业教育管理创新面临的挑战之一。除此之外，资源分配不均衡、师资队伍不稳定等问题也给管理创新带来了困难。高等职业教育管理创新面临的这些问题和挑战需要教育管理人员们共同努力解决。

二、问题分析

（一）教育管理滞后

教育管理滞后，主要表现在管理理念和管理方法的传统化，缺乏创新意识和应变能力。在高等职业教育管理中，依然存在着过于注重传统教学方式，忽视学生个体发展需求的现象。管理者对于新技术、新理念的运用和引入不够积极，导致管理水平无法与时代步伐相适应。同时，也存在着对于教育质量评估不够科学、忽视师生反馈意见的问题。这些都表明了高等职业教育管理在面对快速变化的社会需求和教育发展趋势时，管理滞后的情况相当严重。因此，需要通过创新教育管理方式和理念，推动高等职业教育管理的改革与发展，提升管理水平，以适应时代的要求和学生的需求。

（二）缺乏持续创新能力

高等职业教育管理创新的现状存在一个重要问题，即缺乏持续创新能力。这一问题导致管理方式和方法相对滞后，难以适应快速变化的社会发展需求。虽然教育体系改革已经展开，但在高等职业教育管理创新方面仍有较大的提升空间。如何增强持续创新能力，使教育管理更加灵活、高效，是当前亟待解决的难题。

（三）人才培养模式陈旧

人才培养模式陈旧，已经无法适应当今社会高等职业教育管理的需求和挑战。学校重视传统理论课程教学，而对实践和技能培养的重视不够，导致学生在毕业后面临就业市场时缺乏实际操作能力和创新能力。当前的人才培养模式过于僵化，缺乏针对性和灵活性，无法有效地培养复合型、创新型人才。这种陈旧的人才培养模式不仅限制了学生的发展空间，也制约了高等职业教育管理水平的提升。为了适应时代发展的要求，亟需对现有人才培养模式进行深刻反思和创新，以推动高等职业教育管理的发展和提升。

当前高等职业教育管理面临的挑战，不仅在于人才培养模式的陈旧，还包括课程设置与教学方法的单一性。学校过分追求应试教育，只注重学生的知识储备，而忽视了学生的综合能力培养。实践是检验学生学习成果的重要方式，但很多学校的实践环节设置不够充分，导致学生对所学知识无法灵活运用。教师队伍结构亟待优化，一些教师过度依赖传统的教学方式，缺乏对当今社会发展趋势的深刻理解，也需要及时调整。

为了适应当今社会的需求和挑战，高等职业教育管理需要进行全面的改革。学校应该调整课程设置，增加实践课程的比重，培养学生的动手能力和创新能力。教师队伍的结构要多元化，鼓励教师参与实践项目，不断提升自身教学水平。再者，学校与企业之间的合作也至关重要，通过与企业合作开展双向育人计划，让学生更好地融入社会、了解市场需求。

高等职业教育管理还需要注重学生个性化的培养。每个学生都有自己的优势和特长，学校应该根据学生的兴趣和特点，提供个性化的发展路径，激发学生学习的热情。只有这样，才能培养出真正符合社会需求的复合型、创新型人才。

高等职业教育管理需要不断改革与创新，顺应时代发展的潮流，适应社会的需求，才能更好地培养出适应社会发展需要的人才，推动高等职业教育管理的发展与提升。

（四）教育资源配置不均

在高等职业教育中，教育资源配置不均是一个十分显著的问题。一方面，资源分配不合理导致一些学校拥有过多的资源，而另一些学校则资源匮乏；另一方面，地区间资源差异也十分明显，造成了一些地区在教育资源上的严重不平衡。

在资源分配方面，一些知名高校或者地区可能会得到更多的经费支持和政策倾斜，使得他们拥有更好的师资力量和教学设施，进而影响了教学质量。而一些基础薄弱的学校或者地区则只能勉力维持教学运转，难以实现教育质量的提升。这种资源不均导致了教育公平的严重问题，也限制了高等职业教育发展的整体水平。

地区间资源差异也是一个非常突出的问题。一些发达地区拥有着充足的教育资源和先进的教育理念，而一些欠发达地区则因为种种原因，教育资源相对匮乏，教育质量难以得到提升。这种地区间的资源差距也在一定程度上影响了人才培养质量和社会发展。

总的来说，高等职业教育中存在的教育资源配置不均问题，需要寻找合理的解决途径，促进资源的合理配置，实现高等职业教育的全面发展。

（五）师资结构不合理

教育是一项重要的事业，而师资队伍的结构不合理是高等职业教育管理中一个重要的问题。在当前的高等职业教育体系中，很多院校存在着师资队伍结构不合理的情况。一方面，一些教师缺乏实践经验和行业背景，无法与时俱进地教授学生相关的实用知识和技能；另一方面，一些有经验的行业人士却缺乏教育教学的专业知识和技能，导致教学质量参差不齐。

师资队伍结构不合理不仅影响了教学效果，也影响了学生的就业竞争力和社会适应能力。对于师资队伍结构不合理的问题，有关部门应该深入分析问题的根源，制定相应的对策措施，以便提升高等职业教育的质量和水平。只有解决了师资队伍结构不合理的问题，高等职业教育管理创新才能真正实现其目标，推动教育体系的改革和发展。

三、突破和解决途径

（一）创新教育管理体制

推动高等职业教育管理的创新，需要着眼于创新教育管理体制。针对目前高等职业教育管理中存在的问题，必须打破传统的管理模式，建立更加灵活、高效的管理机制。这需要从政策制定、组织架构设计、人才培养等方面进行深入思考和实践探索。

在政策制定方面，应该根据高等职业教育的特点和发展需求，进行制度创新，为学校和教育管理者提供更多的自主权和灵活性，使其能够更加适应快速变化的教育环境。同时，还要加强政策的执行力度，确保政策的有效实施和监督。

在组织架构设计方面，需要借鉴国际先进经验，构建符合高等职业教育管理需求的机构体系。建立协调高效的管理机制，促进各部门之间的沟通和协作，实现资源的共享和整合，提高管理效率和管理水平。

在人才培养方面，要注重培养具有创新精神和领军能力的教育管理人才。通过加强师资队伍建设、提升管理人员的能力素质和业务水平，不断提高高等职业教育管理的服务质量和水平。

创新教育管理体制是推动高等职业教育管理创新的关键举措。通过不断探索和实践，不断完善和优化教育管理体系，使之更加适应时代发展的需求和教育改革的要求，进一步提升高等职业教育管理的水平和质量。

（二） 强化师资队伍建设

强化师资队伍建设是解决高等职业教育中师资结构不合理问题的关键步骤。提高教师素质是重要一环。通过选拔优秀人才、加强对教师的评价和激励机制，可以吸引更多高水平的教师加入职业教育队伍，提高整体师资水平。

加强师资培训也是必不可少的措施。随着社会经济的快速发展和知识的不断更新，教师需要不断提升自身的专业知识和教学能力。通过开展各种形式的培训活动，如集中培训、实践锻炼、研修讨论等，可以帮助教师不断提高自身的综合素质，适应职业教育改革发展的需要。

除此之外，建立健全的师资队伍管理体系也是关键。通过完善教师评价制度、激励机制和职称晋升规定，可以激励教师不断提高自身素质，增强他们的敬业精神和责任意识，为高等职业教育长远发展奠定坚实的师资基础。

通过以上措施的综合运用，可以有效地解决高等职业教育中师资结构不合理的问题，提升整个师资队伍的素质和水平，推动高等职业教育管理创新的步伐，实现其教育培训目标。

（三） 推进科技与教育相互融合

为了应对当前高等职业教育面临的种种挑战，推进科技与教育的相互融合显得尤为重要。在当今数字化时代，技术创新已经成为高等职业教育管理中不可或缺的一部分。通过引入先进的技术手段，可以提高教学效率、优化管理方式、促进教育资源共享。信息化教学也是提升高等职业教育质量的重要途径，可以让学生更好地获取知识，提高学习兴趣和积极性。

但是，目前高等职业教育管理创新中仍存在着一些问题和挑战。一方面，教育管理者与技术人员之间的沟通不畅，技术应用并不足以满足教育管理的需求。另一方面，由于技术更新换代快速，管理者们也面临着不断学习新技术、应用新方法的挑战。因此，如何突破这些困境，实现科技与教育的更密切融合，成为当前高等职业教育管理创新的关键之一。

只有通过充分利用科技的力量，与教育实践相结合，才能更好地推进高等职业教育管理创新。这需要教育管理者不断学习更新知识，掌握先进技术，加强与技术人员的沟通合作，共同探索适合高等职业教育管理的科技创新路径。同时，也需要技术人员充分理解教育需求，深入实际教学场景，为高等职业教育管理提供更加智能化的解决方案。只有这样，才能真正实现高等职业教育管理水平的提升，推动教育体系改革和发展。

四、提高教育管理效率

（一）加强信息化建设

信息化建设是提高高等职业教育管理效率的关键。信息系统建设可以实现教育资源的数字化管理和共享，提高管理工作的效率和便捷性。通过建立完善的数据管理系统，可以实现教育数据的及时更新和准确分析，为管理者提供决策支持。

除了信息系统建设和数据管理，加强信息化建设还包括培养和提升管理者和教职员工的信息化技能。只有具备了信息技术应用的知识和能力，管理者才能更好地利用信息系统进行管理工作，提升高等职业教育的管理水平。

加强信息化建设也需要注重信息安全和隐私保护。在信息化时代，教育数据的泄露可能会带来严重的后果，因此要加强对信息系统的安全防护，保障教育数据的安全性和隐私性。

总的来说，加强信息化建设是提高高等职业教育管理效率的重要途径。只有充分利用信息化技术，建立高效的信息系统和数据管理机制，加强信息化人才培养，保障信息安全，才能实现高等职业教育管理的创新和提升。

（二）完善考核评估机制

为提高教育管理效率，完善考核评估机制是至关重要的一部分。建立科学的考核评估体系是必不可少的。这就要求制定合理的评估指标和标准，确保评估结果客观公正。改进评估方法也是关键所在。传统的评估方式可能已经无法满足当前的管理需求，需要不断创新、提升评估手段和技术，以更精准地反映教育管理的实际状况。

在建立科学的考核评估体系方面，可以考虑引入多元化的评估指标，兼顾质量、效率、成果等方面，更全面地评估管理工作的绩效。同时，在评估方法上，可以借鉴其他领域的先进经验，引入先进的评估技术和工具，提高评估的准确性和科学性。

除此之外，完善考核评估机制还需要注重实施过程中的透明和公正性。确保评估过程公开透明，让相关部门和个人能够了解评估标准和流程，增强评估结果的可信度。

总的来说，完善考核评估机制是提升高等职业教育管理效率的必由之路。通过建立科学的考核评估体系、改进评估方法等方面的努力，可以更好地指导和促进高等职业教育管理的创新和发展。

（三）深化教育改革

为了提高高等职业教育管理效率，深化教育改革是必不可少的。制度改革是其中的重要一环，通过对管理体制进行优化、创新和升级，可以提升管理效率。同时，政策创新也是关键，要制定更加灵活和有效的政策措施，激发管理者创新意识和活力，促进教育管理工作的健康发展。

信息化技术在高等职业教育管理中的应用也是创新的重要方向。通过建设信息化管理系统，实现管理信息化、智能化，可以提高管理效率，减轻管理者的工作压力，提升教育管理水平。同时，加强对教育管理人员的培训和素质提升也是关键，只有不断提升管理者的能力和水平，才能够更好地推动教育管理创新。

第四节　高等职业教育管理创新的发展趋势

一、国家政策导向

（一）高等教育改革与发展规划

高等教育改革与发展规划是指在国家政策导向下，着力推动高等职业教育管理创新，以提升教育管理水平为目标。当前，高等职业教育管理面临着提高教育管理效率的现状和问题，需要通过创新手段和方法来解决。在国家政策的指导下，高等职业教育管理创新将是未来的发展趋势，促进教育体系改革和发展。

（二）产业发展政策引导

产业发展政策引导是高等职业教育管理创新发展的关键因素之一。国家政策导向和产业发展政策引导共同构成了高等职业教育管理创新发展的重要环境。国家政府出台相关政策，为高等职业教育管理创新提供了政策支持和方向指引，使其能够顺利发展。而产业发展政策引导则是为了满足当前产业发展的需要，推动高等职业教育管理创新与产业发展的融合，促进教育与产业的有机结合，使高等职业教育管理创新更好地服务产业发展，助力经济社会的进步。因此，产业发展政策引导对于高等职业教育管理创新的发展是至关重要的。

（三）教育部门政策支持

教育部门政策支持是高等职业教育管理创新的重要保障。通过国家政策导向和教育部门的政策支持，可以促进高等职业教育管理水平的不断提升，推动教育体系改革和发展。同时，这也可以帮助解决高等职业教育管理现状中存在的问题，提高教育管理的效率。教育部门的政策支持将是未来高等职业教育管理创新发展的关键，为建设现代化高等职业教育管理体系提供坚实的政策支撑和保障。

（四）人才培训政策倡导

人才培训政策倡导着高等职业教育管理创新的重要性。当前，国家政策导向下，人才培训政策不断加大力度，提升高等职业教育管理水平已成为一项紧迫任务。教育管理效率的提高，是当前高等职业教育管理创新面临的一个重要问题。在这种大背景下，需要不断探索适合高等职业教育管理创新的路径和模式，促进教育体系改革和发展。随着国家政策导向和人才培训政策的持续倡导，高等职业教育管理创新将迎来更广阔的发展前景。

（五）社会需求导向

社会需求导向：高等职业教育管理创新的发展趋势受到社会需求的影响，社会对于职业教育管理水平的要求日益增加。随着经济的快速发展和社会结构的不断变革，人才需求呈现出多样化、专业化的趋势，这就要求高等职业教育管理创新顺应社会需求，不断优化课程设置、加强实践教学、提升教学质量，使学生更好地适应社会变革和发展的需要。社会需求的导向，将成为高等职业教育管理创新的重要推动力量，促进教育管理水平不断提升，满足社会对人才的需求。

二、技术创新支持

（一）信息技术应用

信息技术应用在高等职业教育管理创新中起着重要作用，可以提高管理效率和服务质量。随着技术的不断发展，教育管理者可以利用信息技术来管理学校资源、优化教学流程、提升教学质量，从而更好地满足学生和社会的需求。信息技术应用还可以帮助管理者进行数据分析和决策，及时调整教育管理策略，提前预防和解决问题，实现教育管理的科学化和精细化。在未来，随着信息技术的不断创新和应用，高等职业教育管理将迎来更广阔的发展空间，助力教育体系变革和高等职业教育质量提升。

（二）职业教育工具创新

在高等职业教育管理创新中，职业教育工具创新起着至关重要的作用。随着技术的不断发展和进步，传统的职业教育方式已不能满足现代社会的需求。因此，职业教育工具的创新成为提升高等职业教育管理水平的关键。通过引入先进的技术手段和工具，可以更好地促进教育管理的现代化和信息化，提高教育管理效率，为教育体系改革和发展注入新的活力。未来，随着技术创新的不断推进，职业教育工具的创新将持续加强，为高等职业教育管理的发展提供更加坚实的支持和保障。

（三）制度创新推动

在高等职业教育管理创新中，制度创新推动起着至关重要的作用。通过对教育管理体制和规章制度的不断更新和完善，可以更好地激发教育工作者的活力和创造性，进一步提高高等职业教育管理的水平。同时，制度创新还能够为教育管理提供更具可操作性和科学性的指导，有效地规范学校管理行为，提升管理效率和效益。因此，制度创新不仅可以带动高等职业教育管理的改革和发展，更能够推动整个教育体系朝着更加健康、可持续的方向发展。

（四）国际合作加强

国际合作加强，在高等职业教育管理创新中扮演着重要的角色。通过与国外教育机构的合作交流，可以借鉴其先进的管理经验和理念，促进我国高等职业教育管理水平的提升和发展。同时，国际合作也可以拓展我国高等职业教育的视野，加速教育体系改革和创新，推动教育事业向更高水平迈进。随着全球化进程的不断深化，国际合作将成为高等职业教育管理创新的重要趋势，为我国高等职业教育事业的发展注入新的活力和动力。

三、社会需求导向

（一）适应市场需求

高等职业教育管理创新的发展趋势是社会需求导向和适应市场需求。在当前社会背景下，教育的发展需要更加贴近社会实际需求，紧密结合市场需求进行教育管理的创新。只有这样，高等职业教育才能更好地培养适应社会发展的人才，提高管理水平，推动教育体系的改革和发展。

（二）融入产业发展

融入产业发展，社会需求导向是高等职业教育管理创新的重要方向。当前教育管理效率有待提高，需要与产业发展密切结合，以满足社会对人才的需求。未来高等职业教育管理创新将进一步深化，不仅注重理论研究，更要紧密结合实际产业需求，培养更多符合社会发展要求的高素质人才。

（三）促进科技进步

高等职业教育管理创新的发展趋势在于社会需求导向和促进科技进步。对于教育管理工作来说，要根据社会的需求进行调整和改进，以更好地满足社会和市场的需求。同时，促进科技进步也是非常重要的，因为科技的不断发展会为高等职业教育管理带来更多的机会和挑战，必须不断创新和适应科技的变化。随着社会和科技的发展，高等职业教育管理创新将不断迎来新的机遇和挑战，必须不断调整和完善管理的理念和措施，以提升高等职业教育管理的水平。

在当今社会，高等职业教育管理正面临着前所未有的机遇和挑战。社会的需求不断变化，市场竞争日益激烈，这就要求教育管理者不断调整和改进管理工作，以确保高等职业教育能够更好地适应社会和市场的需求。科技的快速发展也为教育管理带来了新的机遇，但同时也带来了新的挑战。教育管理者需要不断创新，不断适应科技的变化，以确保高等职业教育管理能够与时俱进。

随着社会和科技的发展，高等职业教育管理需要面对诸多复杂的问题，例如如何更好地利用信息技术来提高管理效率，如何更好地培养学生的创新能力和实践能力，如何更好地与企业合作，以确保学生毕业后能够顺利就业。这些都需要教育管理者加强研究和实践，不断总结经验，不断改进管理措施，以确保高等职业教育管理能够真正发挥其作用。

同时，高等职业教育管理还需要不断加强自身的专业化建设，提高管理者的素质和能力。只有具备扎实的专业知识和管理能力，教育管理者才能更好地应对各种挑战，更好地引领高等职业教育向前发展。因此，高等职业教育管理者需要注重自身的学习和提升，不断提高自己的综合素质，以更好地推动高等职业教育管理的发展。

要促进高等职业教育管理的创新发展，教育管理者需要根据社会需求调整管理工作，不断适应科技的变化，加强自身的专业化建设，以确保高等职业教育管理不断迎接新的机遇和挑战，不断提升管理水平，为培养更多高素质的人才作出更大的贡献。

（四）培养适应社会的人才

高等职业教育管理的创新意义在于推动教育体系改革和发展，旨在提升高等职业教育管理水平。当前，教育管理效率的提高是亟需解决的问题，而社会需求导向是高等职业教育管理创新的发展趋势。重点是培养适应社会的人才，以满足社会的发展需求。

高等职业教育管理的创新意义不仅在于促进教育体系的改革和发展，更在于提升管理水平，以使教育管理更加高效。当前，提高教育管理效率成为当务之急，而社会需求导向则指引着高等职业教育管理的创新方向。重要的是要培养符合社会需求的人才，以满足社会的持续发展。在这一趋势下，高等职业教育管理面临着更大的挑战和机遇。

培养适应社会的人才不仅需要关注学生的专业知识和技能，更需要注重学生的创新能力和综合素质。只有培养具备创新精神和团队合作能力的人才，才能更好地适应社会的需求。因此，高等职业教育管理需要不断探索教学方法和培养模式，以培养出更多符合社会需求的高素质人才。

同时，高等职业教育管理的创新也需要更加注重与社会的深度融合。只有将教育与社会需求有效结合，才能真正做到培养适应社会的人才。为此，高校需要积极开展社会实践活动，加强产学研合作，为学生提供更多实践机会和实践平台，使他们能够更快地适应社会的变化和发展。

总的来说，高等职业教育管理的创新意义在于不断提升管理水平，培养适应社会需求的人才，推动教育与社会的深度融合，以更好地满足社会的发展需求。这也是高等职业教育管理发展的必由之路，只有不断创新和改革，才能更好地适应时代的变革和发展。

（五）满足个人发展需求

高等职业教育管理创新的意义在于推动教育体系改革和发展，目标是提升高等职业教育管理水平。当前存在的问题是提高教育管理效率，而发展趋势则是社会需求导向，以满足个人发展需求。

第五章　高等职业教育管理创新的主要内容和方法

第一节　教学管理创新

一、学校课程设置优化

（一）引入新兴专业课程

随着时代的发展，社会对高等教育的需求越来越多样化。为了适应市场的变化和满足学生的需求，学校需要不断优化课程设置，引入新兴专业课程。通过对教学管理进行创新，学校可以更好地适应社会的需求，提高教育质量。不仅仅是传统的专业课程，还需要引入一些新兴的课程，以培养学生的创新能力和实践能力。这种创新性的教学管理方法，将为学生提供更广阔的发展空间，帮助他们更好地适应社会的发展需要。高等职业教育管理创新的重点之一就是优化课程设置，引入新兴专业课程，实现教育的全面提升。

（二）更新老旧课程体系

高等职业教育管理创新应用研究中，更新老旧课程体系是一项关键任务。通过对现有课程体系的全面审查和分析，可以发现其中存在的不足和问题。因此，及时更新老旧课程体系，优化课程设置，是推动高等职业教育管理创新的有效途径之一。更新老旧课程体系的过程中，可以引入最新的教学理念和方法，结合实际需求，设计更加贴近学生需求和现实需求的课程内容，为学生提供更具有实用性和针对性的教学资源。同时，更新老旧课程体系也可以促进教师教学水平的提升，激发他们的教学热情，促使他们不断提高自身的教学能力和水平。更新老旧课程体系是高等职业教育管理创新中不可或缺的一环，将为教育事业的发展带来积极的推动和促进作用。

（三）设计跨学科融合课程

学校课程设置优化对于高等职业教育管理创新应用具有重要意义。设计跨学科融合课程是一种有效的方法，可以促进不同学科之间的交流与合作，提高学生的综合能力和创新意识，帮助他们更好地适应未来社会的发展需求。通过整合不同学科的知识和技能，设计出更具针对性和实践性的课程，可以为学生提供更广阔的成长空间和发展机会，有助于他们在就业市场中脱颖而出。因此，学校应当重视跨学科融合课程的设计与实施，以推动高等职业教育管理创新的不断发展和完善。

（四）推广实践教学模式

高等职业教育管理创新应用研究旨在探讨如何推广实践教学模式，通过教学管理创新和学校课程设置的优化，提高教育教学质量。推广实践教学模式是一种注重实践操作、培养学生实际能力的教学方法，是高等职业教育管理创新的重要内容之一。通过推广实践教学模式，可以有效提升学生的实践能力和创新能力，使他们更好地适应社会需求。同时，学校课程设置的优化也是推广实践教学模式的重要保障，只有科学合理地设置课程，才能更好地引导学生学习，激发他们的学习兴趣和创新意识。因此，教学管理创新应用研究中，推广实践教学模式和优化课程设置是密不可分的。通过不断探索和实践，我们可以不断改进教育教学模式，为我国高等职业教育的发展和提高质量做出贡献。

二、教学资源共享

（一）教师教学资源共享平台

高等职业教育管理创新应用研究中，教学管理创新是至关重要的一环。其中，教学资源共享是一种有效的管理创新方法。教师教学资源共享平台的建立可以促进教师之间的资源共享和交流，提高教学质量和效率。通过这样的平台，教师可以分享各自的教学资源、教学经验和教学方法，互相借鉴、学习，从而不断提升教学水平。教师教学资源共享平台的意义和作用不可小觑，它为高等职业教育管理创新提供了重要支持和保障。在这个平台上，教师们可以共同探讨教学中遇到的问题，共同研究教学方法，共同探讨教学理念，为教学工作注入新的活力和创新思维。教师教学资源共享平台在高等职业教育管理创新中的应用研究，具有非常重要的意义和价值。

（二）学生学习资源共享平台

高等职业教育管理创新应用研究的一个重要方向是教学管理创新。在这个过程中，教学资源的共享变得越来越重要。学生学习资源共享平台成为教师和学生之间互动的重要工具，促进了教学资源的有效利用。这种共享平台不仅可以提供学生所需的学习资源，还可以帮助教师们更好地管理和分享自己的教学资源。通过这样的平台，教学变得更加高效且具有创新性，有利于提升教育质量和教学效果。

（三）教学设备资源共享方案

高等职业教育管理创新是当前教育领域的重要课题，其中教学管理创新是推动教育进步的关键。教学资源共享作为一种新的教育方式，正逐渐得到广泛应用。教学设备资源共享方案则是为了更好地利用学校设备资源，提高教学效果和质量，为学生提供更好的学习条件和环境。通过这种资源共享方案，可以有效降低教学成本，提高设备利用率，实现资源优化配置和互相补充，为学校带来更多的教学价值和社会效益。在实施教育管理创新的过程中，要充分考虑学生的需求和实际情况，合理规划和安排资源共享方案，不断完善改进，推动教育教学工作不断迈向新的高度。

（四）教学空间资源共享模式

教学空间资源共享模式是指利用现代科技手段，通过建立数字化平台和网络系统，对高等职业教育中的教学资源进行整合和共享，实现资源的高效利用和优化配置。教学空间资源共享模式旨在打破传统教学场所的限制，让学生和教师可以随时随地获取所需的教学资源，提高教学效率和质量。通过教学资源共享，可以促进教师间的交流与合作，促进专业知识的传承与创新，推动高等职业教育的发展与进步。

（五）第三方资源接入管理

在高等职业教育管理创新中，为了更好地提升教学质量和服务效率，第三方资源的接入显得尤为重要。这些第三方资源包括高校合作机构、行业实践基地、专业技术团队等。通过引入这些资源，能够有效补充学校内部的实践教学设施和人才培养体系，提高学生实践操作能力和就业竞争力。

在管理方式上，学校可以与第三方资源进行合作协议，明确资源使用权责，并建立相应的管理机制。例如，对第三方资源进行资质审查和评估，以确保其符合学校课程教学的需要；同时建立资源共享的机制，允许学生和教师充分利用这些资源进行教学实践和科研活动。学校还应建立完善的跟踪评估机制，对第三方资源的使用情况和效果进行监控和评估，及时调整和优化资源配置，确保资源的有效利用和管理。

总的来说，第三方资源的接入为高等职业教育管理创新提供了更广阔的发展空间。学校应充分利用这些资源，不断探索合作的新模式和方法，推动教学质量的提升和人才培养的全面发展。只有不断开拓创新，才能更好地适应社会需求，促进高等职业教育事业的不断发展和进步。

三、课程评估与优化

（一）制定课程评估标准

在高等职业教育管理创新中，制定课程评估标准是至关重要的。通过制定明确的评估标准，可以有效地评估学生对课程内容的理解和掌握程度，为课程的优化提供有力支撑。课程评估标准应包括多个方面，如知识掌握、实践能力、创新能力等。这些标准能够帮助教师全面评估学生的学习成果，及时发现学生存在的问题，为学生提供个性化的学习辅导。

制定课程评估标准还能够提高教学质量和管理水平。通过对课程评估标准的设定和实施，可以促使教师更加关注学生的学习效果和教学方法的改进，从而不断提升教学质量。同时，标准化的评估标准也有助于提高管理效率，使教学管理更加规范化、科学化。

在高等职业教育管理创新中，制定课程评估标准需要综合考虑教学目标、教学内容、教学方法等多个因素。只有在全面考虑的基础上，制定出科学合理的评估标准，才能更好地发挥评估的作用，为教育教学工作提供有效的支持和保障。因此，制定课程评估标准不仅是一项重要工作，更是高等职业教育管理创新的必然要求。

（二）进行定期评估

课程评估是高等职业教育管理创新中的重要环节，通过定期评估可以及时发现问题、及时调整课程的内容和教学方法，提高教学质量。一般来说，课程评估的频率应该是每学期进行一次，以保证教学质量持续改进。参与课程评估的人员包括教师、学生、教学管理人员和行业专家等，他们的不同视角可以全面地评价课程的实施效果。

课程评估的内容主要包括课程目标的实现情况、教学方法的有效性、学生满意度等方面。通过问卷调查、访谈、观测等多种方法，可以全面地了解课程的优势和不足，为下一步的课程改进提供数据支持。同时，课程评估也应该关注行业需求和发展趋势，确保教学内容与行业要求相匹配。

在课程评估过程中，要注重结果的反馈和落实。评估结果应该及时向相关部门和教师反馈，制定改进措施并及时实施。只有持续不断地进行课程评估，才能不断优化教育管理，提高教学质量，培养出更加符合行业要求的优秀人才。高等职业教育管理创新需要不断地完善和改进，课程评估是其中重要的一环。

（三）总结评估结果改进课程

通过总结评估结果来改进课程是高等职业教育管理创新中至关重要的一环。我们需要对课程进行全面评估，包括教学质量、学生满意度、就业率等方面的数据分析。然后，根据评估结果，制定具体的改进措施，包括更新教学内容、改善教学方法、提升师资水平等。

在实施改进措施过程中，可以采用案例研究的方法，分析成功的案例，借鉴其经验和做法，为课程改进提供参考。例如，某职业教育机构通过引入实习项目，提升了学生的实践能力，从而提高了就业率；又如某院校组织了师生座谈会，听取学生意见并及时调整教学内容，进一步提升了教学质量。

还可以利用现代技术手段，如大数据分析、人工智能等，对课程进行更深入的评估和优化。通过数据挖掘和分析，可以更准确地了解学生的学习情况和需求，有针对性地制订改进计划，提高教学效果和学生满意度。

通过总结评估结果来改进课程是高等职业教育管理创新的关键环节。只有不断地进行评估和优化，才能更好地适应社会需求，提高教育质量，培养更多优秀的职业人才。

在实践中，课程改进是一个不断探索和完善的过程。除了借鉴成功案例和利用现代技术手段外，我们还可以通过开展教师培训来提升教学水平，促进教师创新思维和教学方法的更新。同时，建立学生评教机制，及时收集学生反馈意见，了解他们对课程的看法和建议，有针对性地调整教学内容和方式，提高教学质量。

积极开展校企合作是课程改进的有效途径。与企业建立紧密联系，了解市场需求和行业趋势，引进先进的实践教学资源，使课程内容更贴近实际工作需求，提升学生的就业竞争力。同时，开展双向导师制，由企业专家参与课程设计和教学，带领学生参与实际项目，提升他们的实践能力和创新意识。

加强学科交叉和国际化合作也是优化课程的重要手段。打破学科壁垒，促进不同学科间的交流与合作，创设跨学科的综合课程，拓宽学生的知识视野。同时，引进国际化教学资源，开设双语教学课程，吸引国际学生，提升学校的国际影响力和竞争力。

课程改进是高等职业教育管理创新的核心内容之一。通过多种手段和方式，不断总结评估结果，借鉴成功经验，不断完善课程体系，才能更好地适应社会发展的需求，培养更具竞争力和创新力的职业人才。

四、教育信息化建设

（一）教学平台建设

在高等职业教育管理创新中，教学平台建设是至关重要的一环。教学平台作为学校与师生之间的桥梁，不仅仅可以提高教学效率、促进信息共享，更重要的是可以为教育管理和实践提供更精确、更全面的数据支持。

教学平台的功能设计须符合高等职业教育管理的特点，充分考虑到实践教学、实训基地管理、学生信息管理等多方面需求。通过教学平台，学生可以方便地查阅课程信息、提交作业、参与在线讨论等；教师可以便捷地发布课程资料、进行在线考试、进行实时评估等。而管理者则可以通过平台进行教务管理、学生考勤管理、实训计划管理等，实现全方位的教学管理。

在实际应用中，教学平台的使用情况也逐渐增加。越来越多的高等职业教育机构开始关注和重视教学平台建设，不断优化完善功能，提升用户体验。通过教学平台，学校可以实现教学资源的共享和整合，促进师生互动，培养学生的信息素养和实践能力，提升学生对学习的积极性和参与度。

总的来说，教学平台的建设对于高等职业教育管理创新具有重要意义，是推动高等职业教育不断发展和进步的重要手段之一。希望未来在教学平台建设方面能够不断创新，为高等职业教育管理提供更好的支持和保障。

（二）教学资源数字化

在高等职业教育管理创新中，教学资源的数字化应用越来越受到重视。教学资源的数字化主要包括教材、课件、视频、实验资料等多种形式的教学资源。通过数字化的方式，可以更好地实现资源的共享和管理，提高教学质量和效率。

教学资源数字化需要进行资源的整理和分类，将不同类型的资源进行数字化处理，并建立相应的数据库进行管理。对于教学资源的数字化流程，需要考虑到资源的采集、编辑、审核、发布等环节。教师可以通过专业的数字化软件或平台，将自己的教学资源进行数字化处理，并进行在线审核和发布。

除此之外，教学资源数字化还可以更好地支持教学过程中的个性化教学和在线学习。通过数字化的教学资源，学生可以根据自身的学习情况和兴趣，选择合适的学习资源进行学习，从而提高学习效果。同时，教师也可以根据学生的学习情况，灵活调整教学资源，实现更加个性化的教学。

总的来说，教学资源的数字化在高等职业教育管理创新中起着重要的作用，可以提高教学效果、提高教学质量和效率，更好地支持个性化教学和在线学习。

因此，教育机构应该加大对教学资源数字化的投入，不断优化和完善数字化教学资源，实现教育信息化建设的目标。

（三）信息技术教育培训

信息技术教育培训在高等职业教育管理创新中发挥着重要的作用。培训内容要紧跟时代发展，包括但不限于网络技术、大数据应用、人工智能等前沿领域的知识。通过学习这些内容，管理人员可以更加熟练地运用信息技术来提升学校的管理水平和教学质量。

信息技术教育培训要多样化，既有线下培训，也有在线培训。线下培训可以让管理人员面对面地学习，进行互动交流，加深理解；而在线培训则可以帮助管理人员在工作之余进行学习，节约时间成本。还可以结合学习社区、翻转课堂等教学方式，提高培训效果。

信息技术教育培训要注重实效。管理人员参加培训后，要能够真正将所学知识运用到实际工作中，实现管理创新。因此，培训机构需要不断评估和调整培训内容和方式，确保培训的成效。

总的来说，信息技术教育培训是高等职业教育管理创新中必不可少的一环，只有不断地更新内容、多样化方式、注重实效，才能使管理人员更好地适应时代的需求，提升学校的整体管理水平。

（四）数据管理与分析应用

数据管理与分析是高等职业教育管理创新的重要组成部分，通过数据的收集、分析和应用，可以更好地指导教育管理决策和提升教育教学质量。在数据收集方面，高等职业教育机构通常采用学生管理系统、教学管理系统等软件工具，实现学生信息、教学资源、教师信息等数据的统一管理和记录。这些系统能够自动生成各类数据报表，为管理者提供实时、准确的数据支持。

在数据分析方面，高等职业教育管理创新应用了各类数据分析工具，如SPSS、Excel等软件，对学生的学习情况、教学资源利用情况等进行深入分析。通过数据挖掘和统计分析，可以揭示学生的学习特点和问题，为教学改进和个性化教学提供依据。同时，也可以对教师的教学效果和教学成果进行评估和反馈，帮助他们不断提升教学水平。

数据管理与分析的应用结果主要体现在教育管理的决策和运作上。通过数据的分析，管理者可以更准确地了解学校的整体情况和各项指标的变化趋势，及时调整管理策略和资源配置，实现教育教学目标的高效达成。数据管理与分析还能为学校评估和质量监控提供有力的依据，帮助学校更好地适应和引领职业教育的发展潮流。

第二节　管理体制创新

一、学校管理理念更新

（一）推行教育"大数据"决策

在高等职业教育管理创新中，推行教育"大数据"决策是一项重要举措。通过运用现代信息技术和大数据分析方法，可以更准确地了解学生的学习情况和需求，从而为教育管理决策提供科学依据。同时，通过大数据技术的运用，可以实现教学过程的精细化管理和个性化定制，提高教学效率和质量。教育"大数据"决策的推行将为高等职业教育管理带来新的发展机遇，为教育教学工作提供更好的支持和保障。

（二）建立民主决策机制

高等职业教育管理创新应用研究中，建立民主决策机制是至关重要的一环。通过民主决策机制，可以有效促进学校管理的民主化和科学化，使广大师生参与管理决策，实现管理的公平和公正。民主决策机制的建立不仅可以增强学校管理的透明度和效率，还可以激发广大师生的参与热情，提高管理决策的科学性和民主性。在实际操作中，应该充分发挥师生的主体作用，真正做到民主决策、广泛参与，使管理工作更加贴近实际、更加人性化，促进高等职业教育管理的持续发展。

（三）提升管理透明度

高等职业教育管理创新对提升管理透明度起着重要作用。通过教学管理创新、教育信息化建设、管理体制创新和学校管理理念更新，可以实现管理信息的及时传递和共享，提高管理效率和管理水平。管理透明度的提升不仅可以有效监督和评估学校管理工作，还可以增强各方对管理决策的信任，促进学校内部各环节的协调与沟通。同时，通过管理透明度的提升，还可以更好地激发师生员工的创造力和潜力，推动学校管理不断向着更加科学、规范和民主化的方向发展。

（四）完善管理评估指标

高等职业教育管理创新应用研究中，完善管理评估指标是非常重要的一环。只有通过不断的完善评估指标，才能更好地评估和监控高等职业教育管理创新的效果和成果。只有建立科学合理的评估指标体系，才能更好地推动高等职业教育管理创新的发展，实现管理的精细化和科学化。管理评估指标的完善需要结合实际情况，不断调整和改进，以适应高等职业教育管理创新的需要。管理评估指标的完善是高等职业教育管理创新的重要支撑，也是管理提升的重要保障。只有在不断完善管理评估指标的基础上，高等职业教育管理创新才能不断取得新的成果和突破。

（五）推行诊断式管理

在高等职业教育管理创新中，推行诊断式管理是一种重要的方法。通过教学管理创新、教育信息化建设、管理体制创新和学校管理理念更新，可以有效地实施推行诊断式管理。这种管理方式能够帮助学校更好地了解问题所在，并及时采取有效的解决措施，以提高教育管理的效率和质量。通过诊断式管理，学校能够更加全面地了解教育管理中存在的问题和障碍，从而及时进行调整和改进，推动高等职业教育管理的创新和发展。

二、人才培养模式创新

（一）校企合作培养模式

高等职业教育管理创新的重要内容之一就是校企合作培养模式。通过这种模式，学校和企业之间建立起紧密的合作关系，为学生提供更加贴近实际的教育资源和实践机会。这种合作模式不仅能够有效地拓宽学生的视野，还可以提升学生的实际操作能力和实践经验，使他们在未来的职业生涯中更加具备竞争力。校企合作培养模式的实施不仅对学生的个人发展有重要意义，也对学校和企业的发展起到促进作用。通过双方的合作，可以共同探讨教育和职业发展的新思路和新方向，为整个行业的发展注入新的活力。在当前教育体制改革的背景下，校企合作培养模式正逐渐成为一种重要的教育发展趋势，对于推动高等职业教育的发展和创新起到了重要的推动作用。

（二）校内外联合导师制度

高等职业教育管理创新应用研究中，校内外联合导师制度是一项重要的创新举措。校内外联合导师制度的实施能够有效促进教师与企业之间的深度合作，促进学校教学与实际工作的结合，从而更好地培养适应社会需求的高素质人才。在这一制度下，学生不仅能够得到学校老师的指导，还可以获得来自企业导师的实际指导和帮助，使学生的学习更加贴近实际职场需求。校内外联合导师制度的实施有助于拓宽学生的视野，增强他们的实践能力和创新意识，为他们的职业发展奠定坚实的基础。通过不断改进和完善校内外联合导师制度，可以进一步推动高等职业教育的发展，促进教育与产业的深度融合，为培养更多高素质人才做出更大的贡献。

（三）开设创新创业课程

高等职业教育管理创新中，开设创新创业课程是十分重要的一环。通过这些课程的设置，学生可以接触到最新的商业趋势和管理理念，激发他们的创新思维和创业激情。这种课程的开设能够帮助学生更好地适应未来社会的发展需求，并提升他们在职业领域的竞争力。同时，这也是教育机构对学生创新能力的一种重要培养方式，有助于培养出更多具有创新能力和实践能力的人才。

三、教师队伍建设创新

（一）建设高水平师资队伍

高等职业教育管理创新应用研究中，建设高水平师资队伍是至关重要的一环。通过教师的专业知识和教学技能的提升，可以有效提高教育质量，推动教育事业的发展。要建设高水平师资队伍，首先需要加强教师的培训和继续教育，不断提升其专业水平和教学能力。还需要激励和引导教师进行科研工作，提升其学术水平和创新能力。同时，建立健全的师资激励机制，鼓励优秀教师留校任教，吸引更多优秀人才加入高等职业教育事业。通过这些举措，可以有效提升高等职业教育的整体教学水平，推动教育管理的创新发展。

（二）激励机制改革

教师队伍建设创新是高等职业教育管理创新的重要组成部分。通过教师队伍的建设，可以提升教育质量和教学效果，推动学校的发展。同时，激励机制改革也是教育管理创新的关键内容之一。通过改革激励机制，可以激发教师们的积极性和创造力，进一步提高教学质量，促进学校的发展。教学管理创新、教育信息化建设以及管理体制创新都是为了更好地适应时代发展的要求，推动教育事业不断前行。

（三）定期培训与交流

高等职业教育管理创新应用研究中，定期培训与交流是至关重要的一环。通过定期的培训，教师可以不断提升自己的教学水平和管理能力，从而更好地适应教育信息化的发展趋势。同时，定期的交流活动也能够促进教师之间的互相学习和共同成长，形成良好的团队合作氛围。通过这种方式，教师们可以及时了解行业动态，共同探讨解决问题的方案，推动教育管理体制的不断创新和完善。在教育信息化建设的过程中，定期培训与交流更显得尤为重要，它不仅可以提高教师的信息化应用能力，还可以促进教师队伍的整体素质提升，为教育管理创新提供更多的动力和支持。因此，定期培训与交流必须成为高等职业教育管理创新的重要组成部分，以推动教育事业不断向前发展。

四、学生管理创新

（一）学生自主管理培养

高等职业教育管理创新应用研究中，学生自主管理培养是一个重要的方面。通过引导学生参与管理决策、培养学生自我管理能力和团队协作能力，可以提高学生的综合素质和创新能力。通过给予学生一定的管理权限和责任，让学生在管理中学习并提高自信心和责任感，从而激发学生的学习动力和创造力。学生自主管理培养的实践旨在培养学生独立思考、自主学习和自我管理的能力，通过实践锻炼学生的领导力和组织能力，为学生未来的职业发展打下坚实基础。在高等职业教育管理创新中，学生自主管理培养是非常重要的一环，需要学校和教师共同努力，共同推动学生自主管理能力的培养。

（二）学生评价机制完善

在高等职业教育管理创新中，学生评价机制的完善是至关重要的。通过建立科学合理的评价机制，可以更好地激发学生学习的积极性和创造性，促进其综合素质的提升。优秀的学生评价机制应该能够全面客观地评估学生的学习态度、能力水平和综合素质，为学生提供明确的学业发展方向和发展建议。同时，评价机制的完善还能够有效监督和评估教学管理创新的实施效果，为教学改进提供有力支持。在不断完善的过程中，应该注重倾听学生的意见和建议，促进评价机制更加科学、公正和透明，为高等职业教育管理创新的发展保驾护航。

（三）学风建设与管理

高等职业教育管理创新应用研究的重要内容之一是学风建设与管理。在这个领域，我们需要关注学生的综合素质提升和自主学习能力培养。通过建立健全的学风管理制度，促进学生积极参与各类学习活动，提高他们的学习兴趣和主动性。同时，学风建设还要注重塑造良好的学术道德和行为规范，引导学生形成正确的学习态度和行为习惯。通过全员参与、激励奖励等措施，推动学风建设工作的深入开展，为学生的全面发展提供良好的环境和条件。

（四）学生社团活动指导

在高等职业教育管理创新中，学生社团活动指导起着重要的作用。通过对学生社团活动的指导，可以促进学生的全面发展，培养学生的团队合作意识和创新精神。学生社团活动不仅是学生课余生活的重要组成部分，也是学生综合素质提升的重要途径。在学生社团活动中，学生可以通过参与各种活动，锻炼自己的组织能力、沟通能力和领导能力，培养团队合作精神，增强自信心和责任感。同时，学生社团活动也为学生提供了展示自己才华的平台，激发学生的创新思维。通过有效的指导和管理，可以使学生社团活动发挥更大的作用，为学生提供更多的成长机会。

五、校园文化建设创新

（一）文化建设主题活动

文化建设主题活动在高等职业教育管理创新中具有重要意义。通过丰富多彩的主题活动，可以激发学生学习兴趣，增强学习动力，促进校园文化建设的融洽发展。学校可以结合校园特色和学生需求，组织丰富多彩的主题活动，例如文化艺术节、运动会、志愿者活动等，营造出活跃、和谐、向上的校园氛围，为学生的全面发展提供良好的环境和平台。通过不断创新的文化建设主题活动，可以增强学生的综合素质，提高教育教学质量，推动高等职业教育管理的改革与发展。

（二）文化氛围营造

在高等职业教育管理创新应用研究中，文化氛围营造起着至关重要的作用。校园文化建设创新是推动教学管理创新、教育信息化建设以及管理体制创新的重要支撑。通过建立积极向上的校园文化，可以为师生营造出良好的学习与工作氛围，激发他们的创新意识和积极性。只有在具有浓厚校园文化氛围的环境中，学校的管理创新才能得以深化和推广，教育信息化建设才能真正发挥作用，管理体制创新才能取得实质性成果。因此，校园文化建设创新是高等职业教育管理创新的重要环节，必须得到足够的重视和持续的投入。通过不断加强文化氛围营造工作，才能实现教育管理水平的全面提升，为高等职业教育的发展注入强大的动力。

（三）校园精神价值宣传

校园精神价值宣传的重要性不言而喻，是教育管理创新中不可或缺的一环。教学管理创新通过教育信息化建设和管理体制创新，为校园文化建设提供了更广阔的空间和更多的可能性。校园文化建设创新，则是在传承和发扬优秀传统文化的基础上，推动校园文化向更加丰富多彩的方向发展。如何将这些理念和实践，以及学校的发展目标与社会的需求进行有效对接，是一个亟待解决的问题。在这个过程中，校园精神价值宣传发挥着至关重要的作用，为学生树立正确的世界观、人生观和价值观，促进学生全面发展和健康成长。因此，校园精神价值宣传不仅仅是一种宣传活动，更是对学校办学理念和文化传承的有力支持和促进。

（四）文化节日庆祝活动

高等职业教育管理创新应用研究中，文化节日庆祝活动是一项重要的内容之一。通过开展各种文化节日庆祝活动，可以增强学校的凝聚力和向心力，促进师生之间的交流和互动，丰富校园文化生活，营造和谐的校园氛围。同时，文化节日庆祝活动也是一种教育方式，可以传承和弘扬传统文化，培养学生的文化素养和审美情趣。在文化节日庆祝活动中，学校可以开展各种形式的文艺表演、展览、讲座等活动，激发师生的创造力和激情，提高他们的艺术修养和综合素质。因此，加强文化节日庆祝活动的开展，是高等职业教育管理创新的重要内容之一。

第三节　招生与就业服务创新

一、招生模式创新

（一）实行多元化招生政策

实行多元化招生政策是高等职业教育管理创新的关键内容之一。通过制定多元化的招生政策，可以更好地吸引不同背景、不同需求的学生，为学校带来更多的优质人才资源。多元化招生政策也可以促进教育资源的合理配置，提高教学和管理水平。在实施多元化招生政策的过程中，需要考虑学校的定位和发展方向，充分了解社会需求和行业发展趋势，以确保招生政策的有效性和可持续性。通过不断探索和实践，可以不断优化招生政策，实现学校的长期发展目标。

（二）拓展优质招生渠道

拓展优质招生渠道对于高等职业教育管理创新至关重要。通过创新招生模式，学校能够吸引更多优质生源，为学生提供更广阔的发展空间。同时，拓展优质招生渠道也可以促进学校与社会各界的合作，实现资源共享与互利共赢。在当今竞争激烈的招生环境下，寻找并拓展优质招生渠道势在必行。通过创新、合作与努力，高等职业教育管理可以在招生与就业服务方面取得更大的成就，为学校和学生创造更加美好的未来。

（三）推行名校联考制度

在高等职业教育管理创新中，推行名校联考制度是一项重要举措。通过推行名校联考制度，可以有效提升招生质量和校园声誉，促进高等职业教育的发展与提升。同时，这一制度也可以促进院校之间的合作与交流，推动教学管理创新和校园文化建设，进一步完善教育信息化建设和管理体制创新。招生模式创新也将在这一过程中得到进一步推动，为学生的就业服务提供更多可能性。通过推行名校联考制度，高等职业教育的管理和服务水平将迎来更为广阔的发展空间，为培养更多优秀的职业人才奠定坚实基础。

推行名校联考制度不仅是为了提升招生质量和校园声誉，更重要的是为了促进高等职业教育的进步与提高。这一举措有助于促进不同院校之间的合作与交流，推动教学管理创新和校园文化建设。同时，推行名校联考制度也有助于完善教育信息化建设和管理体制创新，使学校拥有更加完善和高效的管理手段和服务水平。

随着名校联考制度的推行，招生模式也将得到进一步的创新和完善，为学生提供更多就业服务的可能性。这将有助于高等职业教育更好地适应社会需求，培养更多优秀的职业人才，为社会经济发展做出更大的贡献。

在推行名校联考制度的过程中，教育管理者和教职工将面临新的挑战和机遇，需要不断学习和提升自身的能力水平，以更好地适应和推动教育体制改革和发展。只有通过不断的努力和探索，高等职业教育的管理和服务水平才能迎来更广阔的发展空间，为培养更多优秀的职业人才奠定更加坚实的基础。

总的来说，推行名校联考制度是高等职业教育管理创新中的一项重要举措，将为提升教育质量、完善教育体系、促进学生就业等方面带来积极的推动作用。我们期待通过这一举措，实现高等职业教育更好地服务于社会和经济发展的目标，为建设现代化职业教育体系贡献力量。

（四）定制招生宣传方案

定制招生宣传方案是高等职业教育管理创新的重要一环。根据学校的定位和特色，需要制定针对性强的招生方案，包括明确目标招生群体、制定针对不同群体的宣传策略、选择合适的宣传渠道等。要结合市场需求和学校资源，挖掘学校的优势特色，并将其作为宣传重点，突出学校的办学理念、教学特色和就业优势，吸引更多学生的关注和选择。要注重创新招生宣传方式，不断探索新的宣传模式和手段，如线上线下结合的招生推广活动、与企业合作的宣传项目等，提高招生宣传的有效性和吸引力。

在定制招生宣传方案的过程中，需要考虑到学生需求和市场变化，及时调整和优化宣传策略，不断提升宣传效果。同时，建立健全的评估机制，对招生宣传方案的效果进行定量和定性评估，及时发现问题和改进方案，确保宣传效果的持续和稳定。

总的来说，定制招生宣传方案是高等职业教育管理创新的重要方面，是为了更好地满足市场需求和提高学校竞争力而不断进行优化和创新的过程。通过合理制定、实施和评估招生宣传方案，可以有效提升学校的知名度和声誉，吸引更多优质生源，推动高等职业教育的可持续发展和提升。

（五）招生宣传创新方式

招生宣传是高等职业教育管理中至关重要的一环。传统的招生宣传方式往往难以吸引更多的学生，因此需要不断创新。招生宣传创新方式包括但不限于更加个性化的宣传内容、更具吸引力的宣传形式、更多元化的宣传渠道等。

个性化的宣传内容能够更好地符合不同学生的需求和兴趣。通过调研分析，了解目标学生群体的特点及需求，针对性地制定宣传内容，能够更好地吸引他们的注意力。更具吸引力的宣传形式也是重要的创新方式。例如，可以通过制作优质宣传视频、举办线上线下活动等方式，让学生更直观地感受到学校的特色和魅力。

更多元化的宣传渠道也是招生宣传创新的重要方向之一。随着移动互联网的快速发展，社交媒体平台成为了学生获取信息的重要渠道。因此，学校可以在微信、微博、抖音等平台上开展宣传活动，吸引更多的目标学生。同时，线下活动如校园开放日、宣讲会等也是吸引学生的有效方式。

总的来说，招生宣传创新方式在高等职业教育管理中的作用和重要性不容忽视。只有不断探索并创新招生宣传方式，才能更好地吸引更多优质的学生，提升学校的知名度和影响力。因此，高校需要不断努力，积极探索适合自身特点的招生宣传创新方式，提升教育教学质量和办学水平。

二、就业服务模式创新

（一）就业信息平台建设

就业信息平台建设在高等职业教育管理创新中扮演着重要的角色。随着社会经济的快速发展，人才需求不断增长，职业教育的目标也逐渐从传统意义上的培养技术技能转变为培养具有创新意识和综合能力的应用型人才。而就业信息平台的建设则可以为学校与社会的对接提供更高效的途径。

通过就业信息平台，学校可以及时了解社会对人才的需求情况，为学生提供更加精准的就业指导和就业信息，帮助学生更好地规划未来的职业发展。同时，学校也可以借助平台搭建校企合作的桥梁，推动产学研用的深度融合，助力学生实现毕业即就业。

就业信息平台还可以帮助学校更好地管理就业数据，分析就业情况，及时调整教学计划和课程设置，提升教学质量和学生就业率。通过学校与平台的合作，实现信息共享、资源整合，为高等职业教育的管理创新提供更有力的支持。

总的来说，就业信息平台建设对高等职业教育管理创新有着积极而深远的影响。通过借助先进的技术手段和信息资源，学校将能够更好地适应时代发展的需求，促进学校管理的现代化和智能化水平的提升，为培养更多合格的职业人才奠定更坚实的基础。

（二）制定就业指导方案

就业指导方案是高等职业教育管理创新的重要一环。通过制定全面的就业指导方案，可以有效地促进学生就业能力的提升，推动高等职业教育管理体系的不断完善和发展。

就业指导方案应该注重灵活性和个性化，针对不同专业和学生的特点，量身定制适合的就业指导方案，从而更好地满足学生的就业需求。同时，就业指导方案也要充分考虑行业发展趋势和市场需求，引导学生选择适合自己并有前景的就业方向。

在制定就业指导方案的过程中，学校可以充分利用各种资源和平台，与企业建立密切的合作关系，开展实习、实训和就业推荐等活动，为学生提供更多的实践机会和就业渠道。同时，学校还可以加强与社会各界的交流与合作，不断拓展就业资源，促进学生的就业机会。

除此之外，就业指导方案还应该注重学生素质的培养和提升，引导学生树立正确的就业观念和职业道德，增强他们的综合素养和竞争力。通过多方面的努力，有效制定和实施就业指导方案，可以为高等职业教育管理的创新和发展注入新的活力和动力。

（三）开展职业生涯规划辅导

在高等职业教育管理创新中，开展职业生涯规划辅导是至关重要的一环。职业生涯规划辅导不仅能够帮助学生合理规划自己的未来发展方向，还能够引导学生根据自身兴趣、特长和市场需求进行职业选择，从而提高就业率和就业质量。

通过开展职业生涯规划辅导，学生可以更清晰地了解自己的职业志向和发展目标，有针对性地选择专业课程并参与实践活动，提升自己的就业竞争力。同时，职业生涯规划辅导还能够帮助学生认识到自己的潜在能力和需要提高的技能，为自己未来的职业发展做好准备。

除此之外，职业生涯规划辅导还可以帮助学生在就业过程中更好地适应和成长。通过了解市场需求和行业动态，学生能够及时调整自己的职业规划，提高就业的成功率和就业质量，实现自身职业发展的目标。

开展职业生涯规划辅导不仅对学生的个人发展起着积极的促进作用，同时也对高等职业教育管理的创新起到重要的支撑作用。通过加强职业生涯规划辅导，高等职业教育能够更好地满足社会需求，为学生提供更加全面和个性化的教育服务，促进学校管理的创新和发展。

（四）搭建校企合作就业平台

校企合作就业平台是推动高等职业教育管理创新的重要途径之一。通过搭建校企合作就业平台，学校可以与企业建立更紧密的联系，深化校企合作，为学生提供更多就业机会和实习机会。校企合作平台也可以促进教学与实践的深度融合，使学生在实践中更好地掌握所学知识和技能。

在校企合作就业平台上，学校可以与企业共同开展职业教育项目，根据市场需求培养人才，提升学生的就业竞争力。通过校企合作，学校可以获取更多的实战资源和实践机会，为学生提供更好的实践环境和平台，使他们能够更好地适应社会的发展需求。

校企合作还可以促进学校的资源整合和优化配置，提高教学效果和管理水平，推动高等职业教育管理的创新。通过校企合作，学校可以引进更多人才和技术，完善教学设施和教学内容，提升学生的综合素质和竞争力。

搭建校企合作就业平台是促进高等职业教育管理创新的有效途径之一。通过校企合作，学校可以与企业共同努力，为学生提供更优质的教育资源和就业机会，推动高等职业教育的不断发展与进步。

（五）促进毕业生创业

促进毕业生创业是高等职业教育管理创新中的一个重要方面。为了帮助毕业生顺利创业，学校可以提供创业导师指导，开设创业课程，举办创业比赛等活动。通过这些举措，可以帮助毕业生更好地了解创业的流程和方法，提升他们的创业技能。

同时，学校还可以与企业合作，搭建创业基地或孵化器，为毕业生提供创业场地和资源支持。在这样的平台上，毕业生可以得到更多的实践机会，结识优秀的创业伙伴，从而更好地实现创业梦想。

学校还可以积极引导学生树立创业意识，培养他们的创新精神和创业能力。通过开展创业讲座、主题活动等形式，引导学生了解创业的风险和机遇，激发他们的创业激情。只有在校园内就能培养学生的创业意识，才能为他们未来的创业之路奠定坚实的基础。

促进毕业生创业是高等职业教育管理创新中至关重要的一环。学校应积极探索各种创新方式，为毕业生提供更多的创业支持，帮助他们实现自身的创业梦想，为社会的发展贡献自己的力量。

第四节 质量评估与保障创新

一、教学质量评估体系

（一）制定教学质量评估指标

教学质量评估是高等职业教育管理创新中不可或缺的一环。制定教学质量评估指标是建立科学、客观、全面的教育质量评估体系的关键步骤。通过明确评估指标，可以帮助学校更好地了解教学过程中存在的问题和不足，有针对性地进行改进和提升教育质量。

教学质量评估指标的制定应该注重多方面因素的考量，包括教学过程的实施情况、师生互动的效果、学生学习成果等方面。同时，也需要综合考虑社会需求和行业发展的趋势，确保教学质量评估指标能够与时俱进，符合行业标准和规范。

除此之外，制定教学质量评估指标还可以促进教师和学生的相互监督和激励，激发他们的学习积极性和创造力。通过对教学质量的全面评估，可以更好地发挥教师和学生的潜力，实现教育目标的有效达成。

因此，教学质量评估指标的制定对于建立科学、严谨、透明的教育质量评估体系具有重要意义。只有通过对教学质量的准确评估，才能促进高等职业教育的持续发展和提升学生的综合素质。在未来的高等职业教育管理创新中，我们需要不断完善和优化教学质量评估指标，为教育事业的发展注入新的活力与动力。

制定教学质量评估指标不仅可以帮助教师和学生更好地了解教学效果，还可以促进教学方法的不断创新和改进。通过确立明确的评估指标，教师可以更有针对性地进行教学设计和实施，提高教学效率和质量。同时，学生也可以更清晰地了解自己的学习目标和成果，激发学习的热情和动力。

在社会需求和行业发展的快速变化背景下，教学质量评估指标的制定更显重要。只有与时俱进，紧跟行业标准和规范的发展趋势，才能确保教学质量评估的有效性和科学性。同时，不断优化和完善教学质量评估指标也是高等职业教育持续改进并提升的关键。

教学质量评估指标的建立和执行，将有助于构建更加严密和透明的教育质量评估体系，为高等职业教育的发展提供有力支持。只有通过全面、客观、公正地评估教学质量，才能更好地实现教育目标，推动高等职业教育的进步与升华。在未来的高等职业教育管理创新中，必须注重教学质量评估指标的不断优化，为教育事业的繁荣和发展注入新的活力与活力。

（二）建立评估机制

通过建立评估机制，可以促进教学质量评估体系的创新。评估机制是对教学质量进行监测和评价的一种方式，可以帮助学校了解教学实施情况，找出存在的问题，并采取相应的改进措施。评估机制的建立需要依托于科学的评估标准和方法，通过定期的评估活动来全面、客观地评价教学质量。

评估机制的建立对于高等职业教育管理创新至关重要。评估机制可以帮助学校建立起科学的教学质量评估体系，促进教学质量的提升。评估机制可以激励教师积极参与和投入教学工作，促进教师个人和团队的发展和成长。评估机制可以为学生提供更好的教学服务和学习资源，提高他们的学习成果和综合素质。

总的来说，建立评估机制是促进教学质量评估体系创新的关键一步。通过评估机制的运作，可以有效地促进教学质量的提高，提升学校的整体竞争力，实现高等职业教育管理的创新和发展。因此，各高校应该重视评估机制的建设，不断完善和改进评估体系，为学校的发展注入新的活力和动力。

（三）完善质量保障措施

这些创新内容和方法的实施需要建立科学有效的教学质量评估体系。一个完善的教学质量评估体系可以帮助学校监控和评估教学质量，及时发现问题并采取有效措施进行改进。在高等职业教育管理中，质量评估工作的重要性不言而喻。

教学质量评估体系需要充分考虑教育教学的特点和需求，结合相关政策规定和社会需求，科学地设计评估指标和评估方法。同时，为了保证评估的客观性和准确性，还需要建立起数据收集、分析和反馈的机制，真实地反映出教学过程和效果。

完善质量保障措施可以帮助学校在教学质量评估中更准确地把握教学情况，及时发现问题并加以解决。通过建立科学的评估体系和有效的保障措施，学校可以提高教学质量、促进教学改革，并更好地满足社会对高等职业教育的需求。

在管理创新的道路上，完善质量保障措施是至关重要的一环。只有确保教学质量的稳步提升，学生才能得到更好的教育，社会才能得到更优质的人才，高等职业教育的发展才能更上一个新的台阶。因此，建立健全的质量保障措施，是高等职业教育管理创新的重要一环。

（四）推行结果反馈改进机制

推行结果反馈改进机制是高等职业教育管理创新中至关重要的一环。通过建立有效的结果反馈机制，可以及时了解教学质量评估体系的运行效果，发现问题并加以改进。在实际操作中，学校可以通过定期收集学生、教师和企业的反馈意见，进行综合分析和评估，为教学管理提供科学依据和决策支持。

同时，推行结果反馈改进机制还可以激励教师和学生的积极性，促进教学质量的提升。教师通过了解学生的反馈意见和评价结果，可以调整教学方法和内容，提高教学效果；学生可以及时了解自身学习情况和发展方向，调整学习计划，提升学习效果。

推行结果反馈改进机制还可以促进教学管理的持续改进和创新。通过不断收集、分析和运用反馈信息，学校可以及时调整教学管理政策和措施，适应不断变化的教育需求和社会发展。同时，借鉴其他学校和行业的成功经验，结合实际情况，不断探索和创新管理模式和方法，提高教学管理水平和效率。

总的来说，推行结果反馈改进机制是高等职业教育管理创新中的重要环节，可以促进教学质量评估体系的不断完善和提升，实现高等职业教育管理的持续改进和发展。

二、学校管理质量监控

（一）学校内部监控机制

在高等职业教育的管理创新中，学校内部监控机制起着至关重要的作用。学校内部监控机制通过建立有效的监测和评估体系，可以及时了解学校运行情况，发现问题，并采取有效措施加以解决。这种监控机制能够提高管理效率和管理质量，确保学校运行的顺利和稳定。

学校内部监控机制不仅包括对教学管理、财务管理、人事管理等各方面的监控，还包括对学生、教师和员工的行为和表现进行监控。通过建立科学的数据统计和分析系统，可以及时发现管理中的问题和漏洞，为学校管理决策提供科学依据。

通过学校内部监控机制，学校管理者可以定期对教学质量、学校运行和管理情况进行评估，及时发现问题并做出调整和改进。同时，学校可以借助先进的技术手段，建立数字化的管理平台，实现对各项管理指标的实时监控，确保学校管理的及时性和准确性。

总的来说，学校内部监控机制对于高等职业教育管理创新至关重要。只有建立起科学有效的监控机制，才能确保学校管理的有效性和高效性，从而更好地服务于教育教学事业的发展。

（二）外部评估体系参与

外部评估体系的参与对高等职业教育管理创新起着至关重要的作用。外部评估体系的参与可以促使学校更加注重管理质量监控的重要性，促进学校管理的规范化和科学化。外部评估体系的建立和实施，可以让学校及时了解自身管理问题，提高管理效率，保障教学质量。

外部评估体系的参与可以激励学校在管理创新方面做出更多努力。通过外部评估的比较和竞争，学校可以看见自身的不足之处，迫使学校管理层不断提高管理水平，不断进行管理创新，以适应不断变化的教育环境和市场需求。

外部评估体系参与也可以促进学校与社会的互动和合作。学校在外部评估体系参与中，可以了解社会对于高等职业教育的需求和期望，更好地服务社会，实现学校和社会的共赢。

总的来说，外部评估体系的参与是高等职业教育管理创新中的重要环节，它可以推动学校管理的不断完善和提高，助力学校更好地适应教育发展的要求，为提升高等职业教育质量做出贡献。

（三）　质量监控数据分析应用

质量监控数据分析应用是高等职业教育管理创新中至关重要的一环。通过对质量监控数据的深度分析，学校管理层能够及时发现问题所在，做出相应调整，提高教育教学质量。数据分析应用能帮助学校管理者了解学生的学习情况、教师的教学效果、课程的质量等方面的数据，从而有针对性地制定改进措施。

质量监控数据分析应用通过对学生学业成绩、课程评价、教学反馈等数据的整合和分析，为学校提供了更加客观、准确的反馈信息。在管理决策制定过程中，学校管理者可以依据数据分析结果，对教学计划、招生政策、教师培训等方面进行调整和优化，有针对性地提升学校管理质量。

质量监控数据分析应用还可以帮助学校管理者掌握行业发展趋势和竞争情况，为学校的长远发展提供数据支持。通过比较分析学校与同行业其他学校的数据，学校管理者可以及时了解自己在行业中的地位和优劣势，为学校的未来发展规划提供重要参考。

因此，质量监控数据分析应用对于高等职业教育管理创新来说至关重要，它不仅可以帮助学校管理者提升管理水平，提高教育教学质量，还可以为学校未来的发展提供有力支持。通过不断地优化和创新数据分析应用，学校管理者可以更好地适应时代的变化，使学校管理更加科学和有效。

（四）　提升管理质量意识

提升管理质量意识是学校管理质量监控创新的一个重要方面。管理质量意识是指全体教职员工对管理工作的关注和重视程度，是推动学校管理工作不断改进的重要动力。

为提升管理质量意识，学校需要从多个方面入手。学校领导要树立正确的管理观念，强调管理的重要性，推动管理创新和改善。学校应设立完善的管理机制和流程，确保每个管理环节都能够得到有效监控和落实。学校可以通过加强培训和教育，提高教职员工对管理质量的认识和理解，激发大家的管理激情和创新意识。

管理质量意识的提升不仅可以改善学校管理工作的效率和效果，还可以提高学校整体的竞争力和影响力。因此，学校应该重视提升管理质量意识这一工作，积极推动管理创新，为高等职业教育的可持续发展做出应有的贡献。

三、教育教学质量保障

（一）建立教育教学质量保障体系

高等职业教育管理创新尤为重要的一个方面就是建立教育教学质量保障体系。在现代社会，教育的发展与进步是国家和社会发展的基石，而教育教学质量的保障则是高等职业教育管理创新的重要内容之一。

建立教育教学质量保障体系可以有效促进教育质量的提升，保障学生的学习效果和就业竞争力。通过对教育教学过程的监督与评估，可以及时发现存在的问题与不足，有针对性地进行改进与提升，以保证教育教学质量的稳定与提高。

教育教学质量保障体系也可以帮助学校更好地适应社会的发展需求与变化，增强学校对外部环境的敏感度与应变能力。通过建立质量保障体系，学校可以及时调整教育教学方针与策略，优化教学资源配置，提高教学效率与质量。

建立教育教学质量保障体系还可以提升学校的声誉与竞争力，吸引更多优秀学生和教师加入学校，推动学校整体发展与提升。只有确保教育教学质量的稳定与提高，才能为学生提供更好的教育服务，为社会培养更多更优秀的人才，促进国家的长远发展。

因此，建立教育教学质量保障体系是高等职业教育管理创新中不可或缺的重要环节，对促进教育事业的发展与提高教育质量都具有重要意义。

（二）规范教学管理流程

规范教学管理流程是高等职业教育管理创新中至关重要的一环。通过规范教学管理流程，可以确保教育教学活动的顺利进行，提升教学质量，促进学生全面发展。规范的教学管理流程可以帮助学校建立起科学合理的课程设置和教学计划，确保每一门课程都能够达到预期的教学效果。规范的教学管理流程还能够帮助学校建立起严谨的评估体系，及时发现和解决教学中存在的问题，保障教学质量。

规范的教学管理流程还能够促进教师的专业发展，并提高他们的教学水平和教学质量。通过明确的管理流程，可以为教师提供清晰的指导和支持，帮助他们更好地完成教学任务，取得更好的教学效果。同时，规范的教学管理流程也能够提高学生的参与度和学习积极性，促进他们积极主动地参与到教学活动中来，提高学习效果。

总的来说，规范教学管理流程是高等职业教育管理创新中不可或缺的一环，它是确保教育教学质量保障体系有效运转的基础和保障。只有通过规范的教学管理流程，学校才能够更好地保障教学质量，提升教育教学水平，为学生提供更好的教育教学环境和服务。

（三）完善课程建设机制

完善课程建设机制是教育教学质量保障的关键，对于高等职业教育管理创新至关重要。在现代社会，知识更新迅速，技术发展飞速，课程内容也需要保持与时俱进。因此，学校需要不断优化课程设置，更新教学内容，以适应社会的发展需求。

完善课程建设机制需要与行业对接，了解企业市场需求和行业发展趋势，为学生提供符合未来就业岗位需求的课程。要注重教师队伍建设，培养教师的教学能力和课程开发能力，同时鼓励教师参与课程设计和改革。

建立健全的课程审核评估机制也是必不可少的，通过不断的评估和反馈，调整课程设计和教学方式，确保教学质量和学生学习效果。

总的来说，完善课程建设机制是教育教学质量保障的重要环节，只有不断地进行创新和优化，才能使高等职业教育更好地适应社会发展需求，培养更多的符合市场需求的人才。希望各高等职业教育机构能够重视课程建设，不断创新，提高教学质量，为社会培养更多的优秀人才做出贡献。

（四）推行教师绩效评估机制

教师绩效评估机制的推行是高等职业教育管理创新中的重要一环。通过对教师的工作表现、教学质量以及科研成果等方面进行定期评估，可以促使教师们不断提高自身的教学水平，激励他们更加努力地投入到教学工作中。

教师绩效评估机制的建立不仅有助于提升教师的教学水平，更重要的是可以有效地提高教育教学质量。只有通过对教师的评估，学校才能了解到每位教师的实际教学情况，及时发现问题并加以解决。这样，才能够更好地保障教育教学质量，提高学校的整体竞争力。

教师绩效评估机制的推行还可以有效地激励教师们的积极性和创造性。通过评估结果的公示和奖惩措施的设立，能够让教师们感受到自己努力工作的价值和意义，从而更加投入到教学中，不断提高自身水平，提升学校的教学品质。

推行教师绩效评估机制对于高等职业教育管理创新至关重要。这不仅是管理手段的创新，更是对教师们的一种鼓励和激励，有助于提高教师的教学水平，保障教育教学质量的稳步提升。希望各高等职业教育机构能够重视这一环节，全面提升教学水平，推动教育事业不断向前发展。

第六章　高等职业教育管理创新的实施路径和策略

第一节　环境分析和评估

一、行业现状分析

（一）职业教育市场发展趋势

职业教育市场是一个日益繁荣的领域，随着经济的不断发展和劳动力市场的需求不断增加，对高等职业教育的需求也在逐渐增长。据统计数据显示，未来几年内，职业教育市场将保持稳定增长的态势，并且呈现多样化和个性化的发展趋势。

随着职业教育市场的发展，高等职业教育管理也面临着越来越多的挑战和机遇。管理者需要不断调整和更新管理策略，以适应市场的变化和需求，提高教育质量，增强市场竞争力。

职业教育市场的发展趋势也将直接影响到高等职业教育管理创新的路径和策略。管理者需要密切关注市场变化，抓住市场机会，不断调整管理模式，推动管理创新。同时，管理者还需积极引入新技术、新理念，提升管理水平，不断提高服务质量，满足市场需求。

总的来说，随着职业教育市场的不断发展，高等职业教育管理也将面临更大的挑战和机遇。管理者需要保持敏锐的市场洞察力和变革意识，不断探索适合自身发展的管理创新路径，确保高等职业教育的持续发展和提升。

（二）政策法规对职业教育管理的影响

政策法规对职业教育管理的影响是高等职业教育管理创新的重要因素之一。

政策法规的制定和执行直接影响到高等职业教育机构的管理方式、教学内容、师资队伍建设等方面。例如，政府对高等职业教育机构的资金支持政策、教育质量评估标准、人才培养方向等方面的规定，都会对高等职业教育管理模式的创新产生深远的影响。

政府还通过政策法规的逐步完善和更新，推动高等职业教育管理的专业化、信息化和规范化发展。例如，政府鼓励高等职业教育机构加强与企业合作，推动产学研合作，促进教育资源共享，推动教学内容与市场需求、产业发展紧密结合，提高人才培养质量，增强学生就业竞争力。

因此，高等职业教育管理创新的路径和策略需要结合政策法规的要求和指导，从制度、机制、资源、教学方法等方面进行全面思考和调整。只有在政策法规的指导下，高等职业教育管理创新才能在规范的框架内发展，推动高等职业教育不断适应社会发展需求，为培养更多具有实践能力和创新精神的高素质人才做出积极贡献。

（三）职业教育管理的竞争格局

职业教育管理的竞争格局随着全球经济一体化和信息技术的快速发展而日益激烈。传统的教育管理模式已经无法适应当前多样化、跨界融合的需求，需要不断创新和改进。在当前国内外政策环境的指导下，高等职业教育管理创新正面临着前所未有的机遇和挑战。

一方面，全球化的竞争环境使得职业教育管理面临着更多样化的需求和挑战，这需要教育机构通过创新的管理手段和方式来提高教育质量和服务水平。另一方面，随着社会经济的不断发展和人才需求的变化，教育管理必须与时俱进，不断调整管理理念和体系，以适应不断变化的市场需求。

在这样的背景下，高等职业教育管理创新应用研究变得尤为重要。管理创新不仅需要关注教育管理的内容和形式上的创新，更需要通过制度机制、人才培养和科技应用等多方面的创新，来实现教育管理的可持续发展。

因此，职业教育管理者需要在竞争格局中审时度势，抓住机遇，应对挑战，不断完善管理体系，提升管理水平，以适应当前快速发展的社会需求和全球化竞争的压力。只有不断创新和改进，才能使高等职业教育管理更加有效地为社会培养出更多高素质的人才，为经济社会的发展做出更大的贡献。

在当下竞争激烈的教育领域，高等职业教育管理者需要不断思考和探索，找到适合自身机构发展的管理之道。管理创新并非一蹴而就，而是需要持续不断地摸索和实践。除了关注教育内容和形式的创新外，管理者还需要思考制度机制的变革和优化，重视人才培养的需求，积极应用科技手段来提升管理效率。

在竞争格局中，教育机构的管理者应该敏锐地捕捉市场变化的脉搏，抓住机遇，迎接挑战。只有将管理理念与实际需求相结合，才能更好地推动教育管理体系的不断完善和提升。适应时代的发展，不断创新管理方式，将是高等职业教育管理者必须要面对和解决的重要课题。

管理创新需要管理者具备前瞻性和创新性，勇于尝试和进取。通过不断地更新教育理念，完善管理机制，加强人员培训，以及推动科技应用，高等职业教育管理者才能实现管理目标，为社会培养更多高素质的人才，为经济社会的进步注入更多活力和动力。

高等职业教育管理的竞争格局已经形成，管理者需要审时度势，紧抓时代脉搏，不断进行创新和改进。只有如此，才能使教育管理工作更有效地服务社会，为人才培养和社会发展贡献更大的力量。

（四）技术与创新对职业教育的影响

技术的不断发展和创新对职业教育产生了深远影响。在当前快速变化的社会环境下，技术的运用已成为提升教育质量和效率的重要手段。技术的应用不仅可以丰富教学内容和形式，还可以帮助学生更好地适应未来职业发展的需求。通过引入先进技术和创新教学模式，职业教育可以更好地培养学生的实践能力和创新思维，提升学生的竞争力和就业机会。

在实践中，技术和创新的应用也为职业教育带来了一些挑战和困扰。教育机构需要及时了解和掌握新技术，培养教师的技术能力和创新意识，以适应教育发展的需要。同时，教育管理部门需要加强对技术和创新的管理和监督，确保其在职业教育中发挥积极作用，避免技术应用的过度依赖和滥用。

总的来说，技术与创新对职业教育的影响是积极的和深远的。只有不断推进技术应用和创新教育，职业教育才能更好地适应社会发展的需求，培养更多具有创新精神和实践能力的优秀人才。

二、内部资源与能力分析

（一）教育机构师资队伍建设

针对高等职业教育管理创新应用研究的实施路径和策略，教育机构师资队伍建设显得尤为重要。教育机构师资队伍建设旨在培养一支具备高素质、专业化、先进教学理念的教师队伍，以应对高等职业教育管理创新所需的新要求和挑战。通过持续深化教师培训，提高教师的教学水平和科研能力，激发教师的创新潜能和活力，建设一支本领高、素质好的师资队伍，将有助于推动高等职业教育管理创新的实施和发展。同时，教育机构还应该注重构建良好的师生关系，营造和谐、积极向上的教学氛围，促进师资队伍与学生之间的良好互动和沟通，提高教师的教育教学效果。通过教育机构师资队伍建设，能够有效提升高等职业教育管理创新的实施效果，为我国高等职业教育事业注入新的活力和动力。

（二）教育机构管理体制建设

教育机构管理体制建设：高等职业教育管理创新应用研究的重要内容之一是教育机构管理体制的建设。这对于提升教育质量、推动教育改革具有至关重要的作用。通过对内部机构结构和管理流程的优化，可以更好地适应社会需求，提升教育服务的效率和质量。同时，建立科学合理的管理机制，完善决策流程，确保教育资源的合理配置和有效利用。教育机构管理体制的不断完善和创新，将为高等职业教育的可持续发展提供坚实的保障。

（三）教育技术设施与工具配备

教育技术设施与工具配备在高等职业教育管理创新中起着至关重要的作用。只有具备先进的教育技术设施和工具，才能够更好地支持教育教学的需求，提高教学效率和质量。同时，教育技术设施和工具的适时更新和维护也是至关重要的，只有保持设备的最新性和完好状态，才能够不断满足教学的需求，推动高等职业教育管理的创新发展。因此，高校应当加强对教育技术设施和工具的投入和管理，确保其能够有效地支持高等职业教育管理创新的实施。

三、创新需求与机会分析

（一）行业发展趋势分析

当前，高等职业教育管理正处于不断发展和变革的阶段。随着社会经济的快速发展和科技的日新月异，高等职业教育管理创新已成为大势所趋。面对新形势、新挑战，我们需要深入分析行业发展趋势，掌握脉搏，做好应对准备。随着国家政策的支持和鼓励，高等职业教育管理也将迎来新的发展机遇。

当前，社会对高等职业教育管理人才的需求日益增长，行业发展呈现出多元化、专业化、智能化的趋势。在这种背景下，高等职业教育管理需要更加贴近市场需求，拓展就业领域，培养更多具有实践能力和创新思维的人才。同时，随着信息技术的不断发展，高等职业教育管理也将更加注重数字化、智能化的发展模式。

未来，高等职业教育管理行业还将面临一系列挑战，如人才培养模式的革新、教育资源的合理配置、管理体制的改革等，这些都需要我们从行业发展趋势中找到突破口，制定有效策略，推动高等职业教育管理的创新发展。只有紧跟时代潮流，不断提升自身实力，才能在激烈的竞争中立于不败之地。高等职业教育管理创新的实施路径和策略也将在这一过程中不断得以完善和优化。

（二）科技发展对职业教育管理的机遇

科技发展对职业教育管理的机遇：随着科技的迅速发展和普及，职业教育管理面临着前所未有的机遇。信息技术的革新与应用为职业教育管理提供了新的思路和方式，推动了管理模式的转变和提升。互联网、大数据、人工智能等新兴技术的广泛应用，为高等职业教育管理的信息化、智能化发展带来了前所未有的机遇。通过科技手段，可以实现对学生学习情况的精准监控和及时反馈，为教学、管理决策提供科学依据。同时，新技术的应用也为职业教育管理提供了更多创新的可能性，为教育教学工作注入新动力，提升教学质量和管理水平。在科技发展的推动下，职业教育管理将迎来更广阔的发展空间和更多的发展机遇。

（三）教育资源整合与优化利用

教育资源整合与优化利用对于高等职业教育管理创新至关重要。通过对各种资源的整合和充分利用，可以有效提升教育教学质量，满足不断变化的需求。教育资源整合包括物质资源、人力资源以及信息资源等方面，需要通过合理规划和管理，实现资源的最大化利用。只有充分整合和优化利用教育资源，才能实现高效教学、提升学生综合素质和满足社会需求。

（四）教育管理体系升级与变革

高等职业教育管理创新应用研究的背景下，教育管理体系升级与变革显得尤为重要。只有通过不断升级和变革现有的教育管理体系，才能更好地适应新时代的需求和挑战。在这一过程中，需要充分借鉴国内外先进的管理经验和理念，不断拓展视野，完善管理模式，提高管理水平，不断优化资源配置，促进教育管理体系更加高效、科学地运转。同时，教育管理体系的升级与变革还需要注重体制机制的创新，不断推动教育管理体制的现代化和法治化建设，构建起一套符合中国国情、符合高等职业教育特点的现代教育管理体系，实现高等职业教育管理的创新发展。

四、创新策略制定

（一）创新理念与文化建设

创新理念与文化建设的重要性无疑是不言而喻的，作为教育管理领域的重要一环，在高等职业教育中更是不可或缺。创新理念能够激发教师和学生的创新意识和创新能力，促进学校的发展和提升。同时，文化建设也是至关重要的，良好的教育文化有利于塑造学校的品牌形象，提升学校的影响力和竞争力。因此，高等职业教育管理创新应用中，创新理念和文化建设的结合是至关重要的。通过不断推动创新理念和文化建设，高等职业教育管理才能实现更好的发展。

（二）创新技术与工具应用推广

在高等职业教育管理创新的实施中，环境分析和评估是至关重要的一步。只有充分了解当前的教育环境和市场需求，才能有针对性地制定创新策略。创新的策略制定需要在实践中不断调整与完善，确保能够有效地应对变化。同时，创新技术与工具的应用推广也是保障教育管理工作顺利进行的重要手段，只有借助先进的技术与工具，才能更好地提升教育管理的效率与质量。

（三）人才培养与激励机制设计

人才培养与激励机制设计是高等职业教育管理创新的重要组成部分，其实施对于提升教育质量和培养优秀人才具有重要意义。通过科学合理的培养计划和激励机制设计，能够更好地激发学生学习的积极性和主动性，促进其全面发展。同时，通过建立有效的激励机制，可以更好地引导学生树立正确的职业发展观念和价值观念，助力其实现个人发展目标。因此，在高等职业教育管理创新中，人才培养与激励机制设计不可或缺，需要结合实际情况和学生需求，科学制定相应的计划和机制，以推动教育事业的不断发展和进步。

（四）教育资源整合与共享机制

在高等职业教育管理创新应用研究中，教育资源整合与共享机制发挥着重要作用。通过对现有的教育资源进行整合和共享，可以充分发挥资源的效益，实现资源的最大化利用。同时，建立有效的共享机制可以促进教育资源的优化配置，提高教育教学的质量和效率。在实施高等职业教育管理创新的过程中，教育资源的整合与共享机制需要不断完善和优化，以适应不断变化的教育需求和发展趋势。通过建立健全的教育资源整合与共享机制，可以为高等职业教育管理创新提供有力支持，推动教育事业的进步和发展。

（五）教育服务质量监测与提升

教育服务质量监测与提升对于高等职业教育管理创新至关重要。通过对教育服务质量的监测，可以及时发现问题并进行有效的改进，提升教育服务质量。同时，监测结果也可以为制定创新策略提供数据支持，指导学校在高等职业教育管理方面的发展方向。在实施教育服务质量监测与提升的过程中，需要充分考虑环境分析和评估结果，结合实际情况制定针对性的监测指标和改进措施。只有不断监测和提升教育服务质量，才能确保高等职业教育管理创新的顺利实施，为学生提供更优质的教育服务。

第二节　教育管理创新实施

一、创新方案设计

（一）教育管理体系调整与优化

教育管理体系调整与优化是高等职业教育管理创新的重要环节。通过对环境的深入分析和评估，可以更好地把握教育管理体系的现状和存在的问题，从而制定出创新的策略。创新策略的制定需要考虑到教育管理的实际情况，并结合实施路径来设计创新方案。在教育管理创新的实施过程中，需要注重对教育管理体系的调整和优化，以实现教育质量和效益的提升。通过不断地调整和优化教育管理体系，可以推动高等职业教育的持续发展，促进人才培养模式的创新和提升。教育管理体系调整与优化是高等职业教育管理创新的关键环节，对于促进教育管理的现代化和提高办学水平具有重要意义。

（二）教学资源配置与更新

教学资源配置与更新：在高等职业教育管理创新的实施过程中，教学资源配置及不断更新是至关重要的环节。只有合理配置教学资源，才能有效支持教育管理创新的实施。同时，随着时代的发展和技术的进步，教学资源也需要不断更新，以适应新的教学需求和教学模式的变化。因此，制定有效的教学资源配置与更新计划，对于推动高等职业教育管理创新起着至关重要的作用。

（三）教育信息化与数字化管理

在高等职业教育中，教育信息化与数字化管理的重要性日益凸显。通过信息化技术，教育管理可以更加高效地进行学生信息管理、课程信息管理、教学资源管理等方面的工作。数字化管理则可以实现校园信息系统的互联互通，提高教学质量和管理效率。

然而，当前高等职业教育中教育信息化与数字化管理的应用仍然存在诸多问题和挑战。由于整体数字化水平不足，导致很多学校在教育信息系统的建设和运营方面存在困难，信息化管理的效果不佳。随着新技术的不断涌现，如人工智能、大数据等，教育管理面临着更加复杂的挑战，如何将这些新技术应用到教育管理中成为了亟待解决的问题。

教育信息化与数字化管理的推广受到了教师和学生素质的制约，一些教师对于新技术的接受程度不高，缺乏相关技能和知识，同时学生对于信息化管理的意识和运用能力也有待提高。

因此，高等职业教育管理在信息化与数字化方面仍需不断探索和完善，解决好应用中存在的问题和挑战，进一步提升教学质量和管理水平，推动教育教学工作向着更加智能化、便捷化发展。

（四）教育质量评估与监控

教育质量评估与监控是高等职业教育管理创新的重要环节。评估标准的设定应该考虑课程设置、教学质量、师资队伍、学生就业等多方面因素，以确保学校的教育质量得到客观、全面的评价。评估方法和工具也需要不断探索和完善，以适应高等职业教育的特点和需求，例如可以结合定量和定性的评价方式，采用问卷调查、教学观察、学生毕业生跟踪等多种手段进行评估。

而监控的有效性和局限性也是需要深入研究的问题。监控的目的是为了及时发现教育质量存在的问题，及时采取措施加以改进，提高教育质量。然而，监控也存在着局限性，例如监控手段可能无法全面覆盖教育质量的各个方面，监控结果可能受到人为因素的影响等。因此，如何有效地利用监控数据，及时发现问题并加以解决是需要不断探索改进的方向。

总的来说，教育质量评估与监控是高等职业教育管理创新的重要环节，需要不断完善和深化研究。通过科学的评估和监控，可以有效提升高等职业教育的质量，推动学校教育质量管理的持续改进。

二、创新实施与推广

（一）创新教育模式探索

在高等职业教育领域，各种创新教育模式的尝试和探索层出不穷。其中，以产学合作为核心内容的校企合作模式被广泛应用。通过与企业合作，学校可以更好地了解市场需求，设计更加实用的课程内容，提高学生的就业竞争力。项目驱动的教学模式也备受关注，通过让学生参与真实项目实践，培养学生的实际操作能力和团队合作意识。

除此之外，个性化教育模式也逐渐崭露头角。通过对学生进行分层教学，根据不同学生的特点和需求提供个性化的教学方案，使教学更加有效果。同时，线上教育也得到广泛应用，通过网络平台，学生可以根据自己的时间和地点选择学习课程，提高学习的便捷性和灵活性。

然而，这些创新教育模式也存在一些局限性。校企合作模式需要学校与企业之间的紧密合作，对于资源能力要求较高，同时也存在一些合作风险。项目驱动的教学模式虽然能够提高学生的实践能力，但也会增加学生的学习负担。个性化教育模式需要对每个学生进行个性化的教学方案设计，对于教师的教学能力提出了更高要求。而线上教育模式也存在缺乏面对面交流的问题，难以促进学生的沟通和合作能力。

高等职业教育管理创新应用的过程中，尽管各种创新教育模式带来了诸多优势，但也需要认真思考和解决其所面临的挑战和困难，以更好地推动教育的发展和进步。

在当前高等职业教育领域，各种创新教育模式正在得到广泛应用和实践。除了前面提到的几种模式外，还有许多其他创新教育方式，如跨学科融合教学模式、项目共建共享模式、社会实践服务模式等，这些模式都在不同程度上推动了教育的创新和发展。

其中，跨学科融合教学模式能够促进学科之间的交叉学习，培养学生的综合能力；项目共建共享模式可以有效整合各方资源，提高教学质量；而社会实践服务模式则能够让学生深入社会实践，增强社会责任感和实践能力。

然而，这些创新教育模式也并非完美无缺，它们面临的挑战和困难也不容忽视。比如，跨学科融合教学模式需要教师跨学科知识的掌握和教学组织能力的提升；项目共建共享模式需要各方资源的集成和管理；社会实践服务模式则需要学校与社会的深度合作，以实现教学目标的有效对接。

因此，在高等职业教育管理创新应用的过程中，教育管理者和教师们需要在不断探索中不断总结经验，尝试各种创新教育模式，以期寻找适合自身教育实践的最佳模式，为教育质量的提升和学生能力的培养做出更大的贡献。同时，也要认识到教育创新的道路上会遇到各种困难和挑战，需要坚定信心，持之以恒，不断努力，迎接教育改革带来的挑战和机遇。

（二）创新技术应用案例分析

近年来，随着科技的快速发展，创新技术在高等职业教育中的应用也愈发广泛。以在线教育为例，通过网络平台、虚拟实验室等技术手段，可以实现教育资源的共享和学习方式的个性化，提升教学效果。同时，大数据技术的引入也为教育管理提供了更多的可能性，通过数据分析，可以及时了解学生的学习情况和趋势，为教师和管理者们提供科学依据，优化教学和管理策略。

在实际案例中，一些学校已经开始尝试利用虚拟现实技术进行实践教学，让学生在虚拟环境中进行模拟操作，提升他们的实际操作能力。这种创新技术的应用不仅让学生对所学内容有更直观深入的理解，同时也为传统教学模式注入了新的活力。

除此之外，移动学习、智能课堂、人工智能等技术也正在被越来越多的高等职业教育机构所应用。这些技术的引入，不仅提升了教学质量，也为学生提供了更多元化多样的学习途径和体验。高等职业教育管理创新与技术应用的结合，势必将推动整个教育体系朝着更加智能化、互动化的方向发展。

（三）创新管理经验分享

在高等职业教育管理创新的实施过程中，首先需要进行环境分析和评估。通过对内外部环境的深入了解，可以更准确地把握行业发展趋势和市场需求，为制定创新策略提供参考依据。在此基础上，需要制定创新策略，明确目标和方向，确定资源投入和实施计划，确保管理创新的有效实施。

教育管理创新实施是整个过程的关键环节，需要充分调动各方力量，建立有效的组织机制和协作机制，确保各项工作有序推进。同时，要注重管理效果评估，及时调整和改进措施，确保管理创新的有效落地。在创新实施阶段，需要注重团队建设和培训，提升员工的创新意识和能力，激发他们的潜力。

创新实施与推广是管理创新的延续和发展，需要建立有效的监督和评估机制，确保管理创新取得持续的成果和效益。同时，要积极推广管理创新的成功经验，分享实践中的教训，不断总结经验，积累管理创新的经验和智慧。只有在不断实践和探索中，才能推动高等职业教育管理的不断创新和发展。

在快速变化的时代，高等职业教育管理创新已成为推动行业发展的关键。只有不断探索和创新，才能在激烈的竞争中保持竞争优势，实现可持续发展。管理创新既是挑战，也是机遇，希望各教育机构能够抓住机遇，勇于创新，不断推动高等职业教育事业的发展。

三、效果评估与调整

（一）创新实施效果评估

创新教育实施后的效果评估是评估高等职业教育管理改革的重要环节之一，其准确性和可靠性直接影响到改革的成效。评估的过程中，需要考虑到多方面因素，包括教育质量、学生就业率、社会认可度等。评估方法包括定性和定量两种，其中定性评估主要侧重于教育改革带来的影响和变化，如学生的学习体验、教师的教学改进等；而定量评估则更加注重数据和统计分析，如毕业生的就业率、收入增长等指标。

在评估的过程中，需要充分考虑到实施创新教育所处的环境和背景，以及教育管理创新的具体策略和措施。评估结果将直接反映出创新教育的效果和成效，从而为教育改革提供科学依据和指导。然而，在评估过程中也存在着一定的挑战和困难，如数据获取的困难、评估方法的选择等问题，这些都会对评估结果的准确性和可靠性产生影响。

因此，评估的准确性和可靠性是评估的关键，需要通过科学的方法和有效的数据分析来确保评估结果的客观性和真实性。只有这样，才能更好地了解创新教育的效果，为教育管理的持续改进提供参考和支持。在今后的研究中，还需要进一步探讨评估方法和结果的有效性，以提高评估的科学性和实用性。

（二）问题与挑战应对

高等职业教育管理创新的实施过程中，面临着诸多问题与挑战。一些校园管理者对于创新的概念和实施方案存在着理解上的偏差，导致管理创新无法得到很好地贯彻落实。学校在资源配置和师资队伍建设方面存在不足，导致管理创新的实施受到限制。再者，部分教职员工对于新的管理模式和要求存在抵触情绪，难以融入到新的管理体系中去。

同时，高等职业教育管理创新的实施也面临着外部环境的挑战。行业发展迅速，技术更新换代频繁，管理者需要不断地更新自己的知识和技能，与时俱进，这对于教育管理创新提出了更高要求。政策法规的变化也会影响到管理创新的顺利进行，一些新政策的出台可能需要学校重新调整管理模式和策略，增加了管理者的工作压力。

总的来说，高等职业教育管理创新实施过程中的问题与挑战，需要管理者深入剖析其原因，积极寻找解决之道。只有正确认识和应对这些问题，才能更好地推动高等职业教育管理创新的进程，实现教育质量的提升和培养更多高素质人才的目标。

（三）经验总结与改进实践

教育管理创新是高等职业教育发展的关键，要实现对教育管理的创新，首先需要全面进行环境分析和评估。通过对外部环境和内部资源的评估，明确机构的优势和劣势，为制定创新策略提供依据。切实了解学生和社会需求，将教育管理与市场需求相结合，以此为基础，确定创新的发展方向和目标。

在创新策略制定方面，需要根据环境分析的结果确定管理创新的关键领域和重点任务。同时，要积极推动教师和管理人员的思维创新，激发团队合作精神，提升管理水平和服务质量。建立灵活多样的管理机制，引导教职员工参与创新活动，形成良好的创新氛围。

教育管理创新的实施需要有系统的规划和有效的执行。制定详细的实施计划，明确责任分工和时间节点，确保各项创新措施得以顺利推进。同时，要加强对教育管理创新过程的监督和评估，及时发现问题和调整方向，确保创新举措有效实施。

对于创新效果的评估和调整是教育管理创新过程中不可或缺的环节。通过收集数据、进行分析和评估，及时总结和反馈各项创新措施的效果和影响，进而进行必要的调整和改进。实现教育管理创新与评估相互促进，持续推动教育管理的提升和发展。

教育管理创新的路径和策略需要在环境分析、创新策略制定、实施和评估调整等方面进行系统规划和有序推进。经验总结与改进实践是保障教育管理创新不断向前发展的重要保障，也是实现高等职业教育管理创新应用研究的关键路径。

（四）教育管理创新可持续发展路径

教育管理创新可持续发展路径，关键是要结合实际情况进行环境分析和评估。基于对教育管理现状的深入了解，可以有针对性地制定创新策略，从而推动教育管理的创新实施。在实施过程中，需要不断对效果进行评估与调整，确保创新举措的有效性和可持续性。最终，通过持续的努力和创新，建立起一条符合实际需求的教育管理创新可持续发展路径。

教育管理创新可持续发展路径需要深入分析实际情况并评估环境。在实践中，我们需要密切关注教育管理现状，制定符合实际情况的创新策略。同时，必须不断评估和调整创新举措，以确保其有效性和可持续性。通过持续的努力和创新，我们可以建立起一条适合当前需求的教育管理创新可持续发展路径。为此，我们需要不断探索，并与实践相结合，以实现教育管理创新的可持续发展。在这个过程中，需要广泛借鉴国内外的经验和教训，积极开展合作与交流，促进教育管理创新的不断发展。只有这样，我们才能在不断变化的环境中找到最适合的路径，推动教育管理创新不断向前发展。

四、成果分享与交流

（一）案例研究与分享

高等职业教育管理创新的实施路径和策略是当前教育领域的热点问题。环境分析和评估是实施创新的前提，通过全面了解外部环境和内部资源，可以为创新策略的制定提供有效的依据。在制定创新策略时，需要考虑到教育管理实践中的困难和挑战，同时结合各项资源和实际情况，确定创新的方向和目标。教育管理创新的实施需要全员参与，从领导到基层员工都需要积极支持和配合，只有形成合力，才能有效推动创新实践的落地。在实施过程中，及时分享成果和经验，可以为其他单位提供借鉴和学习的机会，同时也能帮助评估自身创新的效果和价值。案例研究与分享是将实际案例进行深入剖析和总结，通过分享成功的经验和失败的教训，可以帮助其他单位更好地理解创新的路径和策略，为教育管理创新提供更多的启示和借鉴。

（二）　创新成果展示与交流

高等职业教育管理创新应用研究的成果展示与交流是整个研究工作的重要环节。在这个阶段，我们将通过各种形式的展示和交流活动，向广大师生和相关领域的专家学者展示我们的研究成果。我们将结合实际案例，生动地展示高等职业教育管理创新的实施路径和策略，以及取得的显著成果。通过分享我们的研究成果，我们希望能够吸引更多关注和支持，促进高等职业教育管理创新的深入推进。与此同时，我们也将积极参与各种学术会议、论坛等交流活动，与同行学者分享我们的研究成果和心得体会，以期获得更多宝贵的意见和建议，推动高等职业教育管理创新的不断完善和提升。通过创新成果展示与交流，我们将不断扩大研究成果的影响力，推动高等职业教育管理创新的实践和发展。

（三）　行业交流会议与研讨会

行业交流会议与研讨会是高等职业教育管理创新的重要平台，通过这些会议与研讨会，可以促进行业内各方资源、经验和创新理念的交流与分享。在这些会议上，不仅可以学习到最新的管理理念和实践经验，还可以结识到来自不同高校和企业的专家学者，建立起广泛的人脉关系。通过参与行业交流会议与研讨会，可以及时了解行业发展趋势，把握市场动向，为高等职业教育管理创新的实施提供更多的参考和支持。同时，通过分享自身研究成果和管理实践经验，还可以获得同行和专家的建议和指导，不断提升自身的学术能力和管理水平。在这个充满交流与合作机会的平台上，我们可以共同探讨高等职业教育管理创新的路径和策略，共同推动行业的健康发展。

（四）　教育管理创新成果认可与提升

在高等职业教育管理创新领域，成果的认可与提升是至关重要的。通过环境分析和评估，我们可以更好地了解当前的教育管理现状，为创新策略制定提供依据。在制定创新策略的过程中，我们需要结合实际情况，寻找适合的路径和方法，确保教育管理创新的顺利实施。同时，成果的分享与交流可以促进经验和资源的共享，为教育管理创新带来更多的可能性和机遇。最终，通过认可与提升，我们可以进一步推动教育管理创新的发展，为高等职业教育体系的健康发展贡献力量。

第三节　高等职业教育管理创新效果评估

一、创新成果评估方法

（一）教育管理指标体系设计

教育管理指标体系设计是高等职业教育管理创新中的重要组成部分，通过对学校教育管理工作的各项指标进行科学设计和合理设置，可以有效衡量教育管理工作的效果和成果。在设计过程中，需要考虑到学校的具体情况和实际需求，确保指标体系具有科学性、全面性和针对性。同时，还应该注重指标之间的关联性和协同性，以确保整个体系能够有效地反映学校的管理概况和发展状况。通过不断地完善和调整，教育管理指标体系设计可以不断提升学校的管理水平和效率，推动高等职业教育管理工作的创新和发展。

（二）效果评估方法选择

针对高等职业教育管理创新效果的评估，选择适当的评估方法是至关重要的。评估方法的选择需要考虑到实施路径和策略的特点，使得评估结果更加客观和准确。通过合理选择评估方法，可以有效地评价教育管理创新的效果，并为未来的发展提供参考和指导。在评估过程中，需要综合考虑各种因素，确保评估结果具有说服力和可操作性。因此，评估方法的选择应当慎重，并结合实际情况加以考量。最终的评估结果将为高等职业教育管理创新的持续改进提供宝贵的参考意义。

（三）数据收集与分析

在高等职业教育管理创新中，数据收集与分析起着至关重要的作用。通过系统地搜集相关数据，并对这些数据进行分析，可以为创新策略的制定和实施提供有力支持。同时，数据收集与分析也是评估高等职业教育管理创新效果的重要手段之一。只有通过科学的数据收集和分析，才能客观地评价教育管理创新的成果，并为进一步改进和优化提供依据。

在进行数据收集时，需要确保数据的准确性和完整性，保证数据来源的可靠性，并尽可能多地收集相关信息，以全面地了解高等职业教育管理创新的实施情况。在数据分析阶段，应该运用合适的分析方法和工具，深入挖掘数据背后的信息，识别问题和发现规律。通过数据分析，可以为管理创新提供具体建议和指导，促进创新策略的有效实施。

数据收集与分析是高等职业教育管理创新过程中不可或缺的环节。只有通过科学的数据支持和深入的数据分析，才能有效地推动创新项目的顺利进行，实现教育管理的持续发展和提升。

二、创新效果量化评估

（一）教育质量评价体系构建

教育质量评价体系构建是高等职业教育管理创新中至关重要的一环。只有建立科学合理的教育质量评价体系，才能全面客观地评估教育的效果和成果。通过制定明确的评价标准和指标体系，可以有效地检验教育管理创新的实施效果，促进教育质量的提升。教育质量评价体系构建需要考虑到各方面的因素，包括学生的学习成果、教师的教学水平、教育资源的利用情况等，从而实现对教育过程和教育结果的全面评估。通过建立完善的教育质量评价体系，可以为高等职业教育的可持续发展提供有力支撑，同时也为教育管理者提供更加科学依据，指导其在实践中不断创新和改进。教育质量评价体系构建的意义和作用不可忽视，是推动高等职业教育管理创新不可或缺的重要环节。

（二）教学成果与效益评估

高等职业教育管理创新的教学成果与效益评估是评价创新实施效果的重要组成部分。通过对教学成果的量化评估和效益评估，可以更加客观地了解教育管理创新的实际效果，并为未来的改进和发展提供依据。教学成果评估主要关注学生的学习成果和能力提升情况，而效益评估则更注重教学改革对学校、教师和学生等方面的利益影响。通过全面评估教学成果和效益，可以为高等职业教育管理创新提供科学的指导和决策支持，推动教育质量的持续提升，实现教学目标的有效达成。

（三）教育管理绩效评价

教育管理绩效评价是对高等职业教育管理创新实施过程中所取得成果的全面评估。通过对创新实施的各个环节和阶段进行综合评价，可以有效地评估创新策略的有效性和可行性，从而为未来的管理决策提供重要参考。同时，创新效果的量化评估可以帮助管理者更清晰地了解创新实施的效果和影响，进而进行有效的调整和改进。教育管理绩效评价不仅可以促进管理创新的持续发展，还可以促进成果的分享与交流，实现教育管理的提升和优化。在实施教育管理创新的过程中，高等职业教育机构需要不断总结经验，改进机制，提高管理水平，推动教育质量的稳步提升。

（四）创新效果对比分析

在高等职业教育管理创新的实施过程中，创新效果对比分析是至关重要的一环。通过对比分析，可以清晰地了解不同的创新策略在实施过程中所取得的效果，从而为未来的管理决策提供有力的参考依据。在进行对比分析时，需要将不同实施路径的效果进行量化评估，以客观地衡量其效果的优劣。通过对比分析，可以发现优势和不足之处，为进一步的改进提供方向。同时，对比分析也有助于促进经验交流与分享，使不同实施路径之间的经验能够相互借鉴，共同推动高等职业教育管理创新的不断发展和完善。因此，创新效果的对比分析在高等职业教育管理方面具有重要的意义，对于提升管理水平和质量有着积极的作用。

三、创新成果综合评估

（一）教育管理创新综合评价方法

教育管理创新综合评价方法是对高等职业教育管理创新效果进行综合评估的重要工具。通过对环境分析和评估、创新策略制定、教育管理创新实施、成果分享与交流等方面的情况进行全面考量，可以更准确地评价创新成果的综合效果。综合评价方法的建立和运用，有助于揭示创新实施中的优势和不足，为进一步提升高等职业教育管理创新效果提供重要参考。通过对创新成果的综合评估，可以更好地指导教育管理创新的未来发展，促进高等职业教育管理水平的提升和不断完善。

（二）成果可复制性及推广性评价

对高等职业教育管理创新的成果进行可复制性及推广性评价至关重要。在评价过程中，需要考虑该创新成果是否具备广泛的适用性和可操作性，是否能够在其他高等教育机构或不同领域得到复制和推广。通过深入分析，可以评估其在不同环境下的适应性和实施效果，为进一步推广提供重要参考。同时，评价中还需关注推广过程中可能遇到的困难和挑战，针对性地制定策略和措施，以确保创新成果的顺利推广和应用。只有在成果具备良好的可复制性和推广性时，才能最大程度地发挥其效益，促进高等职业教育管理的持续创新和发展。

（三）创新成果价值与影响分析

高等职业教育管理创新的实施路径和策略涉及到环境分析和评估、创新策略制定、教育管理创新实施、成果分享与交流等方面。在高等职业教育管理创新的过程中，需要对环境进行深入分析和评估，制定具体的创新策略，并实施到教育管理中。同时，对创新成果进行评估和价值分析，了解其影响和意义，以便更好地推动教育管理的发展。通过综合评估和分析创新成果的价值与影响，可以使教育管理实现更好的发展，为高等职业教育的提升和发展贡献力量。

四、创新成果反馈与调整

(一) 效果评估结果反馈

在高等职业教育管理创新的实施过程中，效果评估是至关重要的一环。通过对创新实施的效果进行评估，可以及时了解改革措施的实际效果，有助于发现问题、强化优势，为下一步的改进提供有效的参考。评估的内容主要包括教学质量提升、学生学习情况改善、教师队伍建设等方面。

效果评估结果对管理创新的意义重大。评估结果可以帮助管理者更清晰地了解创新举措带来的实际效果，为决策提供客观依据。评估结果也可以为不同教育机构之间的经验交流提供参考，促进教育管理领域的共同发展。评估结果还可以激励教育管理者和教职员工持续改进工作，推动教育事业的不断进步。

在获得评估结果后，及时的反馈与调整也是至关重要的。通过将评估结果及时传达给相关人员，可以激发他们的工作热情和创新意识，促使其对工作中存在的问题及时进行调整和改进。同时，有效的反馈机制也有助于建立起一个良性循环的管理体系，使教育管理工作更加科学、有效。

综合来看，高等职业教育管理创新的效果评估及反馈是推动教育管理创新不断前行的重要环节。只有不断地对管理创新进行评估、反馈和调整，才能使教育管理工作更加精细化、专业化，为培养一流的职业人才提供更好的服务和保障。

(二) 改进与调整措施

在进行高等职业教育管理创新的过程中，需要不断进行改进与调整。我们需要对创新成果进行细致入微的评估，了解其实际效果和影响。然后，根据评估结果，及时调整创新方案，使其更加符合实际需求和发展趋势。

在改进与调整措施中，需要考虑到各方面的因素，包括教育政策、社会需求、行业发展等等。同时，需要与相关部门和机构密切合作，共同研究并提出有效的改进方案。只有通过不断的优化和调整，高等职业教育管理创新才能真正发挥其作用，为教育事业和社会发展提供更好的支持和服务。

除此之外，创新成果反馈的形式也需要不断完善和创新。可以通过举办研讨会、发布研究报告、建立交流平台等多种方式，促进创新成果的分享和交流。通过分享和交流，可以更好地借鉴他人的经验和教训，为自己的创新工作提供有益的参考和借鉴，推动高等职业教育管理创新的不断发展和完善。

(三) 绩效管理体系建设

在高等职业教育管理创新的过程中，绩效管理体系的建设起着至关重要的作用。绩效管理体系的建设需要从制定绩效目标和指标入手，确立明确的管理目标，明确各项指标的权重和评价标准。同时，需要建立起科学、客观、公正的评价机制，确保对于教育管理创新成果的评估能够客观公正。

除了绩效目标和指标的设定外，绩效管理体系还需要建立起相应的激励机制，激励各级管理者和教师积极参与创新活动，提高创新的积极性和效率。同时，也要建立起相应的奖惩机制，对于创新成果显著的进行奖励，对于创新不力的进行相应的惩罚，以确保创新工作有序进行。

绩效管理体系的建设还需要建立起相应的数据收集和分析机制，通过对各项指标数据的收集和分析，及时了解教育管理创新的进展情况，并及时调整和优化管理策略。同时，还需要建立起相应的沟通与反馈机制，确保各级管理者和教师之间的信息共享和沟通畅通，提高创新成果的共享和传播效果。

绩效管理体系的建设是高等职业教育管理创新的重要保障，只有建立起科学完善的绩效管理体系，才能更好地促进教育管理创新的顺利实施和取得更好的效果。

（四）教育管理创新成果分享与推广

教育管理创新成果的分享与推广是十分重要的环节。通过分享和推广，可以让更多的教育机构和管理者了解到这些创新成果，从而促进教育管理领域的发展和进步。可以通过学术会议、研讨会等形式来分享和交流成果，吸引更多相关人员的关注和参与。同时，还可以借助网络平台和社交媒体等工具，将创新成果在更广泛的范围内传播和推广。

利用各种宣传推广方式，如新闻报道、宣传册、宣传片等，将教育管理创新的价值和成果传递给更多的受众，引导他们关注和参与到教育管理改革的过程中来。同时，可以邀请专家学者、业界领袖等人士进行讲座和培训，通过传授经验和分享案例，帮助他们更好地理解和应用这些创新成果。

通过不断地分享和推广教育管理创新成果，可以扩大影响力和传播范围，使得更多的教育机构和管理者受益。同时，也可以促进教育管理领域的创新和发展，推动整个行业向着更加高效、先进的方向迈进。只有将教育管理创新的成果分享和推广到更广泛的领域中，才能实现更大的社会效益和经济效益。

第四节 高等职业教育管理创新成果推广应用

一、成果宣传与推广

（一）创新成果宣传策略设计

为了更好地推广高等职业教育管理创新成果，设计一个有效的宣传策略显得尤为重要。宣传策略可以建立在多种渠道上，比如媒体宣传、社交媒体推广、学术会议展示等等。通过不同的宣传方式，可以让更多的人了解和接受这些创新成果，从而促进其实际应用和效益。

在设计宣传策略时，需要考虑不同受众的特点和需求，灵活选择合适的宣传方式。同时，也需要注意宣传内容的精准性和实效性，确保传播的信息准确、清晰，能够引起受众的兴趣和共鸣。定期评估和调整宣传策略也是至关重要的，可以根据实际效果对宣传方案进行调整和优化，使宣传活动更加有效。

通过精心设计的宣传策略，高等职业教育管理创新成果可以得到更广泛的认可和应用，为提高教育质量和管理效率提供更好的支持和保障。在推广的过程中，也可以借助合作伙伴和其他资源，共同推动创新成果的传播和应用，实现更好地推广效果。只有通过有效的宣传策略，才能真正实现高等职业教育管理创新成果的最大化的发挥和价值创造。

（二）成果案例在业内推广

高等职业教育管理创新的成功与否，在很大程度上取决于其推广应用的效果。将创新成果案例推广至业内，对于促进整个行业的发展具有重要意义。通过推广创新成果，可以加速行业创新的传播和应用，推动整个行业迈向更加先进和高效的发展阶段。让更多的机构和个人了解和学习创新案例，可以提升整个行业的竞争力和影响力，推动行业不断向前发展。最重要的是，通过推广创新成果，在业内形成良好的创新氛围和文化，促使更多的机构和个人意识到创新对于发展的重要性，从而持续推动整个行业的发展。

因此，在高等职业教育管理创新成果推广过程中，需要注重成果的宣传与推广，让更多的机构和人员了解和认可创新成果的重要性；同时，需要注重成果案例在业内的推广，通过多种方式和渠道将创新成果案例传播至不同的机构和人群，确保影响力的持续扩大和深入。只有充分推广创新成果案例，在业内形成共识，才能更好地推动行业的发展并实现创新成果的最大价值。

（三） 媒体和社会宣传

为了让高等职业教育管理创新成果得以广泛应用和推广，媒体和社会宣传起着至关重要的作用。通过各种渠道和方式的宣传，可以让更多的人了解到这些创新成果的重要性和实用性，激发他们对高等职业教育管理创新的兴趣和参与度。

媒体宣传是推广创新成果的重要手段之一。通过在各类报纸、杂志、电视、网络等媒体平台上进行报道和宣传，可以将高等职业教育管理创新的理念、实践和成果传播给更广泛的受众群体，引起社会的关注和思考。同时，还可以借助媒体的影响力和传播力量，将创新成果向各界推广，形成示范效应和引领效应。

社会宣传也是推广创新成果的重要途径之一。通过组织各类宣传活动、展览展示等形式，让更多的教育从业者、学生和相关机构代表参与其中，了解和体验高等职业教育管理创新成果的具体内容和效果。同时，还可以邀请各界专家学者、企业代表等进行现场交流和互动，促进创新成果的交流与分享，进一步推动创新成果在实践中的应用和推广。

通过媒体和社会宣传，将高等职业教育管理创新的理念和成果传播出去，可以引领引导社会对教育管理领域的关注和支持，推动教育事业的创新与发展。希望未来能有更多机会和平台，让创新成果得到更广泛的应用和推广，为高等职业教育的改革和发展贡献力量。

（四） 教育管理创新成果奖励

在高等职业教育管理创新中，对于成果的奖励机制和标准是非常关键的一环。为了激励教育管理工作者积极创新，提高整体管理水平和服务质量，需要建立科学合理的奖励制度。成果的奖励应该与创新的贡献和效果挂钩，对于那些在教育管理领域取得突出成就的个人或团队予以嘉奖和奖励。奖励标准要明确具体，避免模糊不清或主观性太强。对于不同类型的创新成果，可能需要制定不同的奖励标准，以确保公正公平。

教育管理创新成果的奖励机制也应该考虑到持续性和长期效果。一次性的奖励虽然可以激励一时，但更重要的是要建立起持续的激励机制，让教育管理工作者知道他们的努力和创新会被认可和重视。奖励机制应该注重激发工作者的内在动力，而不是简单地靠物质奖励来刺激。

在奖励标准的确定过程中，也需要广泛征求意见，充分考虑各方的需求和期望。例如，可以邀请教育管理领域的专家学者和实际工作者参与制定奖励标准，确保其科学性和公正性。同时，要建立起监督和评估机制，对奖励的发放进行公开透明的审查，确保奖励机制的有效执行和结果的公正公平。

教育管理创新成果的奖励是激励工作者积极创新的重要手段，建立科学合理的奖励机制和标准，可以有效推动教育管理的创新发展，提高高等职业教育管理水平和服务质量。

二、成果应用与分享

（一）创新成果应用实践

教育管理创新成果在实践中的应用情况，是高等职业教育领域发展的重要方面。通过对实践案例的分析和总结，我们可以看到，教育管理创新在提升教育教学质量、提高学生就业率、促进校企合作等方面取得了显著成效。

在提升教育教学质量方面，许多高等职业院校通过引入先进的教育管理理念和技术手段，优化教学资源配置，提高教师教学水平，加强学生实践能力培养，使学生的综合素质得到提升，教学质量得到了显著提升。

在提高学生就业率方面，一些高等职业院校通过开展职业指导、搭建实习平台、加强技能培训等举措，帮助学生提升就业竞争力，增加就业机会，进而提高学生就业率。

在促进校企合作方面，高等职业院校通过建立产教融合的合作模式，与企业共同开发课程、开展科研项目、组织实习实训等合作，促进学校和企业资源共享，实现优势互补，为学生提供更多就业机会。

高等职业教育管理创新的实践应用效果显著，这离不开教育管理创新方法的科学性和实施策略的有效性。通过不断总结经验，优化方案，我们相信高等职业教育管理创新将在未来取得更加卓越的成就。

（二）扩展成果应用范围

为了扩大高等职业教育管理创新成果的应用范围，我们需要采取一系列有效的推广方法和策略。可以通过建立合作交流平台，与其他学校或机构开展合作交流，分享创新成果和经验。通过与外部机构的合作，可以将创新成果推广到更广泛的范围，促进成果的应用和传播。

可以借助互联网和新媒体平台，将高等职业教育管理创新的案例和经验进行宣传和推广。通过建立专门的网站或社交媒体账号，可以吸引更多关注者，实现成果的广泛传播。

可以组织专题研讨会、学术论坛等活动，邀请相关领域的专家学者和从业人员参与，共同探讨高等职业教育管理创新的实践经验和发展趋势，推动成果的应用和推广。

建立健全的成果评估机制也是推广高等职业教育管理创新的重要举措。通过对成果的效果评估和反馈，及时调整和改进创新策略，提高成果的应用效率和效果。

要想扩大高等职业教育管理创新成果的应用范围，需要采取多种推广方法和策略，加强内外交流合作，借助互联网和新媒体平台进行宣传推广，组织相关活动进行交流探讨，建立健全的评估机制，不断优化提升创新成果的应用效果和影响力。希望通过各方努力，高等职业教育管理创新的成果能够得到更广泛的推广和应用，为提高教育质量和服务能力做出更大的贡献。

（三）软实力与硬技术共享

在高等职业教育管理创新中，软实力与硬技术的共享与互补关系至关重要。软实力指的是管理者的领导能力、人际关系、沟通技巧等软性素质，而硬技术则包括信息技术、数据分析等硬性技能。软实力和硬技术相辅相成，在教育管理创新中起着各自不可替代的作用。

软实力在教育管理创新中扮演着重要角色。管理者的领导能力和团队合作精神能够推动创新的实施和团队的凝聚力。在教育管理创新中，管理者需要善于倾听员工的意见和建议，协调各方利益，促进团队的共识与合作。软实力的表现也体现在管理者的沟通技巧和解决问题的能力上，这些素质对于促进创新的顺利进行至关重要。

与软实力相辅相成的是硬技术。在当今信息化的时代，信息技术在教育管理中的作用愈发凸显。数据分析和信息管理的技术能够帮助管理者更好地了解教育管理的现状，指导决策的制定和实施。硬技术的应用可以提高管理效率，优化资源配置，为教育管理创新提供有力支持。

因此，软实力与硬技术在高等职业教育管理创新中需要共享与互补。软实力能够促进团队合作、沟通和决策，硬技术则能够提高管理的效率和精准度。只有在软实力与硬技术共同作用下，高等职业教育管理创新才能取得更好的成效。通过不断的实践和探索，教育管理者可以发现软实力与硬技术之间更多的共享与互补关系，推动教育管理创新不断向前发展。

三、成果反馈与调整

（一）成果效果跟踪评估

在高等职业教育管理创新成果效果跟踪评估中，评估指标和方法的选择至关重要。评估指标应该包括教育管理创新的绩效、成本效益、影响力等方面。其中，绩效指标可以通过学生和教师满意度调查、毕业生就业率、教学质量评估等方式来评估；成本效益指标可以通过教育管理创新的投入产出比、节约成本情况等进行评估；影响力指标可以通过教育管理创新对行业发展、社会进步等方面的影响进行评估。

评估方法方面，可以采用定性和定量相结合的方式来进行评估。定性评估可以通过专家访谈、案例分析、参观考察等方式进行；定量评估可以通过问卷调查、数据分析、实验研究等方式进行。同时，利用信息技术手段进行数据收集和分析，可以提高评估效率和准确性。

评估结果应该及时反馈给相关部门和人员，以便及时调整教育管理创新的实施方案。同时，还应该定期进行评估报告的编制和发布，以便向外界展示教育管理创新的成果和效果。

通过科学有效的评估指标和方法，可以全面、客观地评估高等职业教育管理创新成果的效果，为推动教育管理创新的应用和推广提供有力支持。愿意构建更加完善的高职教育管理创新评估体系，推动高职教育事业不断发展进步。

（二）教育管理创新成果绩效提升

在提升高等职业教育管理创新成果的绩效方面，可以采取以下策略和措施。实施有效的监测和评估机制，及时发现问题并加以解决。通过建立有效的评估指标和评估体系，对创新成果进行全面评估，不断提升管理水平和效能。

加强团队建设和人才培养，优化管理团队结构，提升团队协作和执行力。通过培训和激励措施，激发管理团队的工作激情和创新意识，推动管理创新的落实和实施。

加强与相关利益方的合作与沟通，形成多方合作机制，共同推动管理创新的实施。通过与政府部门、企业机构等建立合作关系，充分利用各方资源和优势，实现管理创新成果的最大化效益。

推动管理创新成果的推广应用，将成功经验和成果向外部进行宣传和分享，吸引更多人参与创新实践，推动管理创新的持续发展。同时，根据实际效果和反馈情况，及时调整和改进管理创新策略，不断提升绩效水平，实现高等职业教育管理创新的可持续发展。

（三）经验总结与改进实践

在高等职业教育管理创新的实施过程中，经验总结和改进实践至关重要。我们需要对创新实施的环境进行深入分析和评估。只有充分了解教育领域的现状和趋势，才能制定出符合实际情况的创新策略。

制定创新策略是教育管理创新成功的关键。在制定策略时，要考虑到教育资源、创新技术和人才培养等方面的需求，确保每一项措施都能有效推动教育管理的创新。

接着，教育管理创新的实施是关键一环。在实施过程中，需要建立有效的监测和评估机制，及时发现问题并及时调整。同时，要注重成果分享与交流，吸取他人的经验和教训，不断完善自己的管理模式。

在创新实施过程中，必须进行高等职业教育管理创新效果评估。只有通过评估，我们才能了解创新实践的成效，并及时进行成果反馈与调整。根据评估结果，对创新成果进行进一步的推广应用。

经验总结与改进实践是教育管理创新的必经之路。通过总结成功的经验和失败的教训，我们可以不断优化教育管理创新的路径和策略，提高创新实施的效率和效果，推动高等职业教育管理的不断发展和进步。

第七章 高等职业教育管理创新的评价和展望

第一节 现有高等职业教育管理模式的分析

一、传统管理模式的优缺点分析

（一）优点：稳定性强

一项管理模式的稳定性是其在实际实施过程中能够保持一定的稳固性和连续性。传统管理模式的优点之一就是其稳定性强。传统管理模式经过长期实践，已经被验证为一种行之有效的管理手段，能够保障高等职业教育机构的正常运行和发展。管理人员熟悉这种模式，能够快速理解并适应，从而提高工作效率和质量。

传统管理模式的稳定性也体现在其组织架构和流程上。这种模式经过时间的沉淀，形成了一套完善的管理体系，包括行政管理、教学管理、财务管理等各个方面。这些模式的确立和执行，使高等职业教育机构能够有序、系统地开展工作，确保各项管理工作的顺利进行。

在现代高等职业教育领域，传统管理模式的稳定性优势依然具有重要意义。在应对外部变化和挑战的同时，保持管理模式的连续性和稳固性，可以更好地维护高等职业教育机构的稳定发展。同时，管理者在实践中也可以不断优化和完善传统管理模式，使其更适应时代的需求，更有效地服务于高等职业教育的发展。传统管理模式的稳定性为高等职业教育的管理创新提供了可靠的基础，也是未来管理改革的重要支撑。

（二）缺点：创新性不足

传统管理模式在高等职业教育中的创新性不足表现在多个方面。传统管理模式过于注重规章制度和程序流程，缺乏灵活性和创造性。这导致在应对教育行业快速变化和挑战时，管理者往往束手无策，无法及时调整管理策略和措施。

传统管理模式重视条条框框，忽视了对个体员工的关怀和激励，往往只关注员工的绩效和产出，而忽略了员工的发展需求和个性化服务。这种管理方式在当今高等职业教育的人才培养中已经显得滞后和不适应。

传统管理模式过度强调集中权力和领导者决策，忽略了团队协作和员工参与的重要性。这种单向指挥的管理模式会导致员工的创造力和积极性受到抑制，久而久之也会影响整个组织的创新和竞争力。

总的来说，传统管理模式的创新性不足，主要源于对制度、程序和规章的过分依赖，忽视了对员工个体需求和组织发展的综合考量。这种管理方式已经难以适应时代的发展需求，迫切需要进行管理创新和变革，以适应高等职业教育领域的快速变化和发展。

（三）机制不够灵活

传统管理模式在高等职业教育中存在一些不足之处，主要表现在管理机制不够灵活。传统管理模式往往过于僵化，在面对快速变化的外部环境和内部需求时，难以做出及时有效的调整。管理的程序和规定一旦建立，就难以改变，导致管理过程中出现许多局限性。

一方面，传统管理模式下的管理机制缺乏足够的适应性和灵活性，难以满足高等职业教育日益多样化和个性化的需求。管理程序繁琐，流程复杂，导致决策效率低下，无法及时做出针对性的举措，影响了学校对外部环境变化的敏感度和应变能力。

另一方面，传统管理模式下的管理机制存在着过分依赖规章制度和标准化的倾向，缺乏创新意识和灵活应对问题的能力。管理者往往过于依赖既定的管理程序和规定，缺乏独立思考和主动创新的意识，导致管理惯性较强，无法及时调整管理方式和策略。

因此，面对日新月异的社会发展和教育变革，传统管理模式的不足已经日益凸显出来。如何在保持管理纪律和规范的基础上，更加灵活和创新地应对各种挑战，成为当前高等职业教育管理创新的重要课题。需要从管理理念、组织结构、管理程序等方面进行深入思考和创新，以适应高等职业教育快速发展的需要。

（四）缺乏行业对接

在进行高等职业教育管理创新时，传统管理模式的缺点之一是缺乏与行业的有效对接。传统管理模式通常是在学校内部制定的，往往缺乏对当今行业发展趋势和需求的准确了解，导致教育资源和课程设置与实际行业需求脱节。这种脱节表现在学生毕业后难以顺利就业、公司对毕业生的培训时间和成本较高等方面。

因此，高等职业教育管理创新中需要重视对行业的实时调研和了解，通过开展产学研合作、行业专家授课、实习实训等方式，加强学校与企业之间的沟通和合作。只有与行业保持良好的对接，才能确保教育培训的质量和有效性，使学生毕业后能够顺利就业并为行业贡献价值。

在高等职业教育管理创新中，需注重为教师提供行业实践机会和培训，提升他们的实践能力和教学水平，从而更好地指导和培养学生。教师作为教育培训的主要实施者，其专业水平和实践经验对学生的教育质量和能力提升至关重要。

总的来说，高等职业教育管理创新应当以行业对接为重点，通过不断深化和完善与行业的合作关系，推动教育培训的发展，为学生提供更加贴近实际需求的教育环境，促进高等职业教育的可持续发展。

（五）管理效率低下

传统管理模式在高等职业教育中存在着管理效率低下的问题。传统管理模式过于依赖人力资源，管理者需要花费大量时间和精力来协调各方面的工作，导致管理效率低下。传统管理模式缺乏科学化、信息化的手段支持，导致管理决策常常依靠经验和主观判断，缺乏客观性和准确性。传统管理模式中的层级过多、信息传递缓慢，导致决策反应速度慢、效率低下。

传统管理模式在高等职业教育中还存在着管理资源分配不均衡、管理风险控制不到位等问题。管理资源的不均衡导致部分教育资源得不到充分利用，管理风险控制不到位则容易导致教育事故的发生，进而影响教育教学质量。传统管理模式中的生产效率低下、管理效率低下等问题已经成为高等职业教育管理的一大难题。

传统管理模式的滞后性和局限性已经不适应当前高等职业教育的发展需求，必须进行创新和改革。在新的时代背景下，高等职业教育管理需要更多地依托现代信息技术、智能化技术，提高管理的科学性、系统性和精细化程度，从而提高管理效率，推动高等职业教育事业的发展和进步。只有通过管理创新，才能更好地适应时代需求，提高高等职业教育的管理水平和效率。

二、国际先进管理模式借鉴分析

（一）美国高等教育管理模式

美国高等教育管理模式一直被世界各国视为学习的对象，其管理模式在教育领域具有示范意义。通过其严谨的管理体系，完善的教学质量评估系统，严格的学术自律和研究创新的环境，美国高等教育管理模式极大地推动了学术研究与教育质量的提升。该模式注重学生发展与资源配置的平衡，通过不断创新和改进管理方法，使得学生能够获得更好的教育资源和服务，从而更好地面对未来的挑战和机遇。

在实践中，美国高等教育管理模式也在不断升级和完善，紧密结合当今社会的发展需求和学生的实际情况，通过多元化的教学和评价方式，促进学生的全面发展和创新能力的提升。同时，模式中还注重师资队伍的培养与管理，不断激励教师发挥自身优势，提升教学效果和学术水平。美国高等教育管理模式的成功经验不仅可以为其他国家的教育管理者提供借鉴，也为高等职业教育管理创新的发展提供了有益的启示和参考。

（二）欧洲高等教育管理模式

欧洲高等教育管理模式一直以来都备受关注，其以其严谨、科学、细致的管理方式而闻名于世。其管理模式强调学生个性化发展，注重培养学生的综合素质和创新能力。在教学、科研和实践等方面也具有很高的水平，得到了国际认可和赞誉。欧洲高等教育管理模式的成功经验值得我们借鉴和学习，为我国的高等职业教育管理创新提供了重要的参考。

（三）日本高等教育管理模式

日本高等教育管理模式一直备受世界瞩目，其独特的特点和成功经验值得我们深入研究借鉴。在日本，高等教育管理注重培养学生的实践能力和创新意识，注重学生个性发展。重视教师和学生之间的互动，鼓励学生参与校园活动和社会实践，提高学生的综合素质。日本高等教育管理模式还注重培养学生的团队合作精神和领导能力，通过各种形式的教学实践和实习活动，培养学生解决问题的能力和适应社会需求的能力。总的来说，日本高等教育管理模式在实践导向和学生发展方面有其独特之处，对我国高等职业教育管理创新具有重要的启示意义。

三、高等职业教育管理创新的必要性

（一）国家发展需求

国家发展需求：高等职业教育管理创新的应用是适应当前国家发展需求的重要举措。随着经济社会的不断发展，对高素质专业人才的需求日益增加。传统的教育管理模式已经不能完全满足国家发展的需要，需要进行创新。高等职业教育管理创新能够提高教育质量，培养更多适应社会需求的专业人才，推动国家经济的快速发展。因此，国家提出了加强高等职业教育管理创新的战略部署，以满足国家发展需求。

（二）产业升级要求

现有高等职业教育管理模式的分析显示，当前管理模式已经不能完全适应快速变化的产业发展需求。因此，高等职业教育管理创新显得尤为重要。具体而言，随着产业的不断升级，管理模式需要更加灵活和创新，以适应新兴产业的需求和挑战。产业升级要求教育管理者不断探索新的管理理念和方法，促进教育质量的提升和教育体系的完善，以更好地为产业发展和社会进步提供人才支持。在这种背景下，高等职业教育管理创新成为必然选择，旨在促进职业教育与产业需求的紧密对接，实现人才培养与产业发展的良性互动。

（三）人力资源培养需求

人力资源是企业发展的重要支撑，而高等职业教育管理创新则是适应未来社会发展需求的必然选择。当前的高等职业教育管理模式在满足企业需求方面仍有一定局限性，需要进一步创新。人力资源的培养需求也在不断变化，需要更加注重国际化、现代化以及人才素质的提升。因此，高等职业教育管理的创新已成为当务之急，以满足人力资源培养的新需求。

四、高等职业教育管理创新的思路

（一）结合互联网技术

结合互联网技术，高等职业教育管理创新应用提出了新的思路。传统的管理模式已经不能满足现代社会的需求，互联网技术的快速发展为高等职业教育管理带来了新的机遇和挑战。通过结合互联网技术，可以实现教学资源的共享和优化，提高教学过程的效率和质量。同时，互联网技术还可以为学生提供更多元化的学习方式，使他们更好地适应未来社会的发展。高等职业教育管理创新的思路需要与时俱进，不断探索适合时代发展需求的新模式和方法。通过利用互联网技术，可以实现跨地域、跨学科的资源整合和共享，促进高等职业教育管理模式的优化和创新。高等职业教育管理创新应用研究的未来发展方向在于更加注重学生个性化发展和职业能力培养，积极引入互联网技术，加强与产业的深度合作，推动高等职业教育管理模式的不断创新和提升，为培养更多合格的职业人才作出贡献。

（二）开展跨学科合作

高等职业教育管理创新需要打破传统学科界限，积极开展跨学科合作，促进各领域专家共同思考、共同研究，形成新的理论和实践成果。跨学科合作可以赋予高等职业教育管理创新更多元化的视角和思路，促进理论和实践的融合，为高等职业教育管理提供更为创新的解决方案。通过开展跨学科合作，可以充分利用不同学科领域的专业知识和技术手段，打破学科之间的壁垒，推动高等职业教育管理创新的发展。跨学科合作有助于提升高等职业教育管理创新的综合实力和创新能力，推动高等职业教育的质量和水平不断提升。高等职业教育管理创新需要不断寻求突破，开展跨学科合作是一种重要的思路和途径，有助于为高等职业教育管理的创新发展注入新的活力和动力。

（三）强化实践教学

高等职业教育管理的创新应用研究中，强化实践教学是至关重要的一环。通过实践教学，学生能够将理论知识与实际操作相结合，从而更好地掌握所学内容。实践教学可以有效提高学生的动手能力和解决问题的能力，使他们在未来的职业生涯中能够更好地应对挑战。

同时，强化实践教学还有助于培养学生的创新意识和能力。在实践中，学生需要面对各种实际问题，并通过自己的思考和实践寻找解决方案，从而培养出创新的能力。实践教学不仅仅是理论的实践，更是让学生真正地去做、去尝试，从而培养出解决问题的独立能力。

因此，在高等职业教育管理创新中，强化实践教学是非常重要的。只有通过实践，学生才能真正将所学知识运用到实践中，为未来的职业生涯做好充分的准备。实践教学不仅仅是培养学生的实际操作能力，更是培养学生解决问题和创新的能力，为他们未来的发展打下坚实的基础。通过不断强化实践教学，高等职业教育管理创新能够更好地满足社会和行业的需求，培养出更多优秀的人才。

第二节 高等职业教育管理创新的实践案例

一、"双师型"教师团队建设

（一）核心能力培养

高等职业教育管理创新应用研究中的核心能力培养是至关重要的，通过对现有高等职业教育管理模式的分析和高等职业教育管理创新的思路，我们可以看到核心能力培养在其中扮演着重要的角色。在实践案例中，"双师型"教师团队建设是一个有效的手段，通过引入行业专家，使学生在实践中获得更具有针对性的教育，提高其实际操作能力。在这一过程中，学生将不仅仅获得知识的传授，更重要的是培养了解决实际问题的核心能力。因此，核心能力培养不仅仅是理论上的学习，更是将知识应用于实际中的重要环节。通过培养学生解决问题的能力，我们可以为他们的未来职业发展提供更加有力的支撑。

（二）课程改革实践

在高等职业教育管理创新的实践中，课程改革是至关重要的一环。通过对现有高等职业教育管理模式的深入分析，我们可以看到课程改革实践的意义和必要性。在实践中，我们需要不断优化课程内容和教学方法，以适应社会需求和学生发展的需要。同时，"双师型"教师团队建设也是课程改革中的重要环节，通过建立师生互动、行业导师参与等方式，提高教学质量和实践能力。通过这些实践案例，我们可以看到高等职业教育管理创新的思路，为未来的发展提供了重要的参考和借鉴。

（三）学生综合素质提升

通过"双师型"教师团队建设，学生综合素质得到了提升。在这种模式下，专业教师和实践导师共同参与学生的教育与培养，使学生在理论知识和实践技能方面得到了全面发展。例如，学生在课堂上接受专业知识的传授，同时在企业实习中获得实际操作能力的提升。这种结合理论和实践的教学模式，有助于学生更好地适应职场需求，提高综合素质和竞争力。高等职业教育管理创新应用的成功实践案例表明，"双师型"教师团队建设是一种有效的教育模式，能够促进学生的全面发展，推动高等职业教育管理的创新与发展。

（四）实习实训强化

在高等职业教育管理创新中，实习实训强化是一个重要的方面。通过实习实训，学生能够将理论知识与实际操作相结合，提高他们的实际能力和技能。同时，实习实训也有助于学生了解实际工作环境，提升他们的职业素养和岗位适应能力。实习实训可以使学生在实践中感受问题，锻炼解决问题的能力，增强团队协作和沟通能力。通过实习实训的实施，学校可以培养更加符合现代职业需求的高素质人才，促进高等职业教育的发展和进步。

（五）职业规划辅导

在高等职业教育管理领域，职业规划辅导一直是一个备受关注的话题。通过对现有高等职业教育管理模式的分析，我们发现职业规划辅导在学生发展过程中扮演着至关重要的角色。为了更好地实现高等职业教育管理创新，我们需要不断探讨和完善职业规划辅导的相关机制和方法。在实践中，一些成功的案例也表明，职业规划辅导可以有效提升学生的职业素养和就业竞争力。而建立"双师型"教师团队也是实现职业规划辅导目标的重要手段之一，通过教师的专业知识和职业经验，为学生提供更加全面和实用的指导和支持。在未来的发展中，职业规划辅导将继续发挥着重要作用，为学生的职业发展提供更加系统和个性化的服务。

二、跨校区教育管理模式探索

(一) 信息共享

信息共享：高等职业教育管理创新的重要性不言而喻。通过对现有高等职业教育管理模式的分析，我们可以找到改进和创新的思路。在实践中，不断探索新的高等职业教育管理模式，并通过跨校区教育管理模式的探索，进一步拓展管理创新的可能性。高等职业教育管理创新的实践案例也为我们提供了宝贵的经验和启示，引领我们走向更加高效和优质的管理路径。信息共享的重要性也在这个过程中得到了充分展现，通过分享和交流经验，我们可以共同促进高等职业教育管理的创新和发展。

(二) 课程协同

课程协同是高等职业教育管理创新的重要方向之一。通过跨学科、跨校区的合作和协同努力，可以有效整合资源，优化课程设置，提高教学效果，促进学生全面发展。在这样的模式下，不仅可以提高学校的整体教学水平，还可以培养学生的团队合作能力和创新思维，为他们未来的职业发展奠定坚实基础。通过课程协同的方式，学校可以更好地满足社会对优秀人才的需求，进一步推动高等职业教育管理的创新与发展。

(三) 教学资源整合

高等职业教育管理创新是当前教育领域的重要课题，通过对现有高等职业教育管理模式的分析可以看出，需要不断寻找创新的思路。在实践中，一些高校已经尝试了一些新的管理方式，例如跨校区教育管理模式的探索，以及教学资源整合的意义。值得关注的是，高等职业教育管理创新已经取得了一些成果，包括各种实践案例的成功经验。希望在今后的研究中，我们可以不断探索和尝试，为高等职业教育管理的创新发展贡献更多的智慧和力量。

三、校企合作实践模式

(一) 产学研合作

产学研合作是推动高等职业教育管理创新的重要方式之一。通过校企合作实践模式，学校可以与企业建立紧密的合作关系，促进教育资源共享和互补，为学生提供更加贴近实际需求的教学内容。同时，产学研合作也可以搭建起学术研究和产业发展之间的桥梁，促进知识产权转化和科研成果的应用。在高等职业教育管理创新的实践案例中，产学研合作的成功案例屡见不鲜，为行业的发展和学生的就业提供了有力支持。通过不断提升合作的深度和广度，我们可以期待产学研合作在高等职业教育管理创新中发挥更加重要的作用，为教育事业的发展注入新的活力和动力。

（二）　创新创业培训

创新创业培训是当前高等职业教育管理创新的重要方向之一。通过创新创业培训，可以提升学生的实践能力和创新精神，培养学生的创业意识和创业技能，促进学生创业创新能力的全面发展。在实践中，一些高校已经开展了创新创业课程和实训基地，为学生提供创新创业相关的知识和技能培训。同时，高校与企业合作，开展双创实践项目，为学生提供更多实践机会，促进学生创新创业能力的培养。通过创新创业培训，可以培养更多具有创新精神和创业意识的高素质人才，为高等职业教育管理的创新发展提供有力支持。

（三）　就业指导服务

就业指导服务是高等职业教育管理中不可或缺的重要环节。通过提供针对性的职业规划、就业技能培训和择业指导，帮助学生更好地适应社会需求，实现个人职业目标。校企合作实践模式是其中重要的手段，通过与企业建立紧密联系，为学生提供实践机会和职业实习，使他们获得实际工作经验。高等职业教育管理创新的实践案例表明，校企合作实践模式能够有效提升学生就业竞争力，使他们更好地融入社会。通过不断探索创新思路，高等职业教育管理模式也在不断完善和发展，为培养更多高素质的职业人才做出了积极的贡献。

（四）　社会服务项目

在高等职业教育管理创新中，校企合作实践模式是一个重要的思路。通过校企合作，可以促进教育资源共享，提高教育质量。例如，学校与企业合作开展实践项目，学生可以在实践中应用所学知识，提升实际操作能力。校企合作也可以促进学校与社会的融合，促进校园文化和企业文化的共享，为学生提供更广阔的职业发展空间。同时，社会服务项目也是高等职业教育管理创新的重要组成部分。通过参与社会服务项目，学生可以锻炼自己的实践能力，拓展自己的视野，培养责任感和社会意识。通过这些实践活动，学生将更好地适应社会需要，为未来的职业发展打下坚实的基础。

第三节 高等职业教育管理创新的未来展望

一、教师队伍建设

(一) 专业素养提升

专业素养提升：专业素养的提升是高等职业教育管理创新中至关重要的一环。只有教师队伍具备了良好的专业素养，才能有效地引领和推动教育管理创新的发展。通过开展持续的教育培训和职业发展规划，提升教师的学术水平和教学技能，不断提高他们的教育管理能力和综合素质。这样的专业素养提升不仅有利于教师自身的职业发展，更能够为高等职业教育管理创新带来更多的新思路和实践案例，进一步激发学生的学习热情和创新能力。

(二) 教育理念更新

高等职业教育管理创新的未来展望是教育理念更新的重要方向。随着社会的发展和变化，教育理念也需要不断更新和调整，以适应新的时代需求。通过改变传统的教育观念，引入先进的教育理念，可以促进高等职业教育管理的创新和发展。教育理念更新不仅可以提升教育教学质量，还可以激发教师和学生的学习热情，从而推动整个高等职业教育管理体系的不断进步和完善。在未来，教育理念更新将成为高等职业教育管理创新的重要驱动力，为培养更多适应未来社会需求的优秀人才奠定坚实基础。

(三) 教学方法创新

在高等职业教育管理创新中，教学方法创新起着举足轻重的作用。传统的教学方法已经不能适应当今社会和市场的要求，需要不断地进行更新和改进。通过引入新的教学理念和技术手段，可以激发学生的学习兴趣，提高他们的学习效果。例如，采用项目式学习、实践教学、在线教育等创新教学方法，可以让学生更好地掌握知识和技能，提升他们的综合素质。同时，教师在教学过程中也需不断更新自己的教学理念和方法，不断提高自己的教学水平，以更好地适应高等职业教育的发展需求。在未来，教学方法的创新将成为高等职业教育管理领域中一个重要的发展方向，为培养更多具有创新精神和实践能力的高素质人才做出贡献。

(四) 学科交叉发展

学科交叉发展是当前教育领域的一个重要趋势。不同学科之间的相互融合不仅可以提升教育质量，还可以促进教育管理的创新。学科交叉可以拓展教育管理者的视野，让他们能够更全面地理解和应对教育管理中的挑战。通过学科交叉，不同领域的知识和经验可以相互借鉴，从而为教育管理提供更多元化的解决方案。

学科交叉还可以激发创新思维，促进教育管理的不断进步。当不同学科的专业知识相互融合时，可能会产生一些新的理念和方法，为教育管理提供更多创新的可能性。例如，在教育技术学科和教育管理学科的交叉中，可以探索如何运用新技术来提升教育管理效率，推动教育管理的数字化和智能化进程。

学科交叉也可以为教育管理带来更多的发展机遇。不同学科之间的合作可以促进共同研究和项目合作，拓展教育管理的领域和深度。通过跨学科团队的合作，可以更好地应对复杂多变的教育管理环境，推动教育管理的创新和发展。

总的来说，学科交叉发展在高等职业教育管理创新中具有重要意义和作用。通过不同学科之间的融合与合作，可以促进教育管理的进步和发展，为高等职业教育管理的未来带来更多可能性和机遇。希望未来能够更多地重视学科交叉发展，为高等职业教育管理的创新和发展注入新的活力和动力。

（五）成长机制建设

在高等职业教育管理创新中，成长机制建设是至关重要的环节。建立有效的培养机制不仅可以激励教师和学生的发展，也能够使教育管理更具活力和鲜明特色。针对教师队伍建设，可以通过搭建专业化培训平台，为教师提供持续的教育培训，帮助他们不断提升专业水平和教学能力。还可以设立教学奖励机制，激励教师在教学实践中不断探索创新，提高学生学习质量。

对于学生的成长机制建设，应该注重培养学生的创新意识和实践能力。通过开展创新创业教育，鼓励学生参与各类实践活动和项目实践，培养他们的领导力和团队合作能力。可以建立学生评优制度，根据学生综合素质和实践能力进行评选表彰，激发学生的学习热情和自我提升动力。

在成长机制建设过程中，还需要加强教育管理团队的指导和支持，促进教师和学生之间的互动和交流，搭建相互学习和分享的平台，形成良好的教育氛围。通过不断优化成长机制，不断激励教师和学生的发展，高等职业教育管理创新才能实现更好的发展和提升。相信在各方的共同努力下，高等职业教育管理创新一定会迎来更加美好的未来。

二、校园文化构建

（一）核心价值观树立

在高等职业教育管理创新中，校园文化的构建是至关重要的一环。校园文化不仅是学校的精神灵魂，更是学术氛围的重要组成部分。而核心价值观的树立则是打造健康、活力、积极的校园文化的关键。

如何确立并贯彻核心价值观是每所高等职业教育机构都需要深入探讨和思考的问题。校方领导需要明确核心价值观的内涵和外延，明确表达出学校对于人才培养、教学研究、社会服务等方面的追求和理念。校方领导要以身作则，以实际行动诠释核心价值观，引领全校师生积极践行核心价值观，推动校园文化的形成和落地。

同时，教师作为学校的灵魂人物，也需要在课堂教学和日常教育管理中注重核心价值观的灌注和传递。通过教育引导，激发学生内在的正能量，培养学生的独立思考和社会责任感，实现人格全面发展，为社会培养更多的高素质人才。

总的来说，高等职业教育管理创新应用研究，不仅需要前瞻性的思维，更需要根植于核心价值观的坚定信念。只有在这样的理念指引下，高等职业教育机构才能在管理创新中不断前行，为学生、教师和整个社会创造更美好的未来。

（二）创新创业氛围营造

为了营造校园内创新的氛围和学习创业精神，首先需要在学校制度上进行改革和完善。学校可以建立创新创业教育的课程体系，为学生提供创新创业的理论知识和实践技能。同时，学校可以设立创新创业实验室和创业孵化基地，为学生提供创新创业的实践平台，激发他们的创新热情和创业梦想。

学校可以邀请成功的企业家和创新领军人物来校园进行分享和交流，激励师生树立创新创业的榜样。学校还可以组织创新创业比赛和活动，为学生提供展示自己创新创业能力的机会，激发他们的竞争意识和团队合作精神。

在师资队伍建设方面，学校可以鼓励教师参与创新创业项目的研究和实践，提高他们的创新能力和创业意识，带动学生的创新创业发展。同时，学校还可以建立创新创业导师制度，为学生提供个性化的创业指导和帮助，促进他们的创新创业成长。

只有在校园内营造积极向上、开放包容的创新创业氛围，才能真正激励师生的创新创业潜能，推动高等职业教育管理的创新应用，为培养更多优秀的创新创业人才做出贡献。

（三）学术交流平台拓展

学术交流平台的拓展对于促进学术研究和交流至关重要。通过建立多种形式的学术交流平台，可以促进学术界之间的信息共享和合作，推动学术研究的深入发展。可以建立学术交流的线上平台，例如搭建专门的学术社交网络，让学者们可以通过网络分享研究成果、交流想法和建立合作关系。可以组织学术研讨会、学术论坛等线下活动，提供学者们面对面的交流机会，促进学术观点的碰撞和交流。同时，还可以拓展学术交流的国际化合作渠道，与国外高校或研究机构建立合作关系，共同开展国际学术交流活动，提升学术研究的国际影响力。

在建立多种形式的学术交流平台的过程中，还需要重视学术交流平台的规范化建设和管理。需要建立完善的学术交流机制和规则，明确学术交流的宗旨和目标，规范学术交流的流程和方式。需要加强学术交流平台的维护和运营，确保学术交流平台的正常运行和持续发展。同时，还应该注重学术交流平台的评估和反馈机制，及时总结学术交流活动的经验和教训，不断优化学术交流平台的建设和管理。

建立多种形式的学术交流平台是高等职业教育管理创新的重要举措，可以为促进学术研究和交流提供有力支持，推动高等职业教育管理的发展和进步。希望通过不断拓展学术交流平台，可以搭建更加开放、包容和高效的学术交流平台，激发学者们的创新研究思路，为高等职业教育管理领域的发展注入新的活力和动力。

（四）精神文明建设

在高等职业教育管理创新的过程中，校园文化的构建和精神文明的建设显得尤为重要。校园文化是学校的精神家园，是学生学习、生活和交流的场所。一个积极向上的校园文化能够激励学生的学习热情，培养他们的社会责任感和团队合作精神，为他们未来的发展打下坚实的基础。

精神文明是校园文化的灵魂，是学术认同的重要组成部分。建设积极向上的精神文明，需要学校和教职员工共同努力，营造尊重、信任、包容、和谐的氛围。在这样的氛围中，学生才能够能够自觉遵守校规校纪，积极参与各类文体活动，树立正确的人生观和价值观。

为了建设积极向上的精神文明，学校可以开展各类主题教育活动，如爱国主义教育、道德教育、心理健康教育等。同时，学校还可以开设志愿服务、公益活动等课程，培养学生的社会责任感和公益意识。通过这些举措，学校可以引导学生树立正确的人生观和价值观，培养他们成为有担当、有情怀的新时代青年。

总的来说，高等职业教育管理创新不能仅仅停留在技术和管理层面，更需要注重校园文化和精神文明建设。只有在这样一个积极向上、蓬勃发展的学术氛围中，高等职业教育才能真正发挥其育人功能，为学生的成长和发展提供更好的支持和保障。

三、教学管理体制改革

（一）学科结构优化

在学科结构优化方面，高等职业教育机构应不断完善学科设置，根据市场需求和行业发展趋势，调整、拓展和创新学科专业。要结合社会需求和学生特长，设置符合时代潮流和产业发展需要的新型专业，如人工智能、大数据分析、互联网安全等领域的专业。同时，还应加强对传统专业的改进和更新，确保专业设置与职业需求保持紧密联系。

优化教学资源配置也是提高教学质量和学生发展潜力的关键。高等职业教育机构要根据专业特点和培养目标，科学合理地配置教学资源，包括师资、实验室设备、实习基地等。在师资队伍建设上，应引进具有丰富实践经验和行业背景的教师，为学生提供更为实用的课程教学和实践指导。在实验室设备和实习基地建设上，应确保设施完备，保障学生在实践环节的学习效果和实践能力培养，以适应社会对高素质人才的需求。

通过学科结构优化和教学资源配置的不断完善，高等职业教育管理创新将为学生提供更为优质的教育资源和更广阔的发展空间，促进学生在职业生涯规划和个人发展中取得更大的成功。随着高等职业教育的不断发展和完善，相信在未来的日子里，高等职业教育将更好地服务社会和产业发展，为国家培养更多具有国际竞争力的高素质人才做出更大的贡献。

（二）教学评价机制建设

建立一个科学合理的教学评价机制对于提高教育质量和学生学习效果至关重要。教学评价不仅是对教师教学工作的监督和评价，也是对学生学习过程的检验和引导。一个有效的教学评价机制应该包括多个方面的考量，如考试、作业、实践能力等。

教学评价应该注重学生全面发展的评价，而非仅仅注重学生的笔头考试成绩。通过多种形式的评价，可以更全面地了解学生的学习情况，包括学科知识掌握程度、实践能力、创新能力等。这不仅可以促进学生的全面发展，也可以更好地指导教师的教学工作。

教学评价应该注重激发学生的学习动力。通过及时的反馈和评价，可以让学生及时了解自己的学习情况，从而激发学生的学习兴趣和积极性。同时，教学评价也可以帮助学生树立正确的学习态度和学习方法，提高学生的学习效果。

建立科学合理的教学评价机制需要教师和管理者共同努力。教师需要不断提升自己的评价能力，制定科学合理的评价标准和评价方式；管理者则需要提供相应的支持和资源，促进教学评价机制的不断优化和完善。

教学评价机制的建设对于学生的学习至关重要。通过及时了解学习情况，激发学生学习兴趣和积极性，提高学习效果。在教学评价中，学生可以根据评价结果及时调整学习方法，不断提升自己的学习态度和技能。教师在制定评价标准和方式时，需要考虑到学生的实际情况和需求，提供个性化的指导和帮助。管理者则应该为教师提供支持和资源，共同促进教学评价机制的完善和优化。只有这样，才能真正提高教育质量，培养出更优秀的学生。

教学评价机制的建设需要各方共同努力。教师要不断提升自己的评价能力，不断学习和更新评价理念和方法，与时俱进。管理者需要为教师提供相应的培训和支持，营造良好的教学评价氛围。教师和管理者共同合作，共同努力，才能建立起一个更加科学、更加有效的教学评价体系。希望通过不懈的努力和改进，我们能够为高等职业教育的提升和发展贡献自己的力量。让教学评价机制成为教育改革和创新的推动力量，为学生的成长和发展提供更好的保障和支持。

（三）课程设置精简

在高等职业教育管理创新中，课程设置的精简问题一直备受关注。随着社会经济的不断发展和职业需求的变化，学校需要不断调整和更新课程设置，以适应市场的需求。然而，在这个过程中，课程设置的精简问题也变得愈发突出。

课程设置的精简可能会对教育质量和管理效率产生一定的影响。一方面，精简课程可能导致学生学习内容的不全面，缺乏系统性和深度，从而影响了他们的专业能力的培养。另一方面，过多的课程设置不仅增加了学生的学习负担，还可能加大了教师的教学压力和管理成本，影响了教育的效率和质量。

在实践中，要解决课程设置的精简问题，并不是一件容易的事情。需要综合考虑学校的办学定位、教学资源和师资力量等方面的因素，才能找到平衡点。同时，要积极倡导校企合作，引入企业资源和市场需求，调整和优化课程设置，提高教育质量和管理效率。

课程设置的精简问题在高等职业教育管理创新中需要引起重视。只有找到合适的平衡点，才能更好地发挥高等职业教育的功能和作用，培养更符合市场需求的高素质人才。

四、人才培养质量提升

（一）课程体系完善

随着社会的不断发展，高等职业教育管理创新已逐渐成为教育界的热点话题。课程体系作为高等职业教育管理中不可或缺的一环，其完善对于培养高素质专业人才至关重要。一个完善的课程体系可以为学生提供更加系统、全面的知识结构，有助于他们在未来的职业生涯中快速适应工作环境，提升工作效率。

然而，在实际应用中，课程体系完善也存在着一些问题。可能存在的问题包括课程设置不合理、内容陈旧、缺乏前沿性等。这些问题不仅会影响到学生的学习效果，更会影响到学校的教育质量和影响力。因此，需要对课程体系进行深入研究和改进，以适应当今社会的需求和发展趋势。

在未来的高等职业教育管理创新中，课程体系的完善将成为主要的发展方向之一。只有不断更新课程内容、拓展学科范围、引入新的教学方法，才能更好地满足学生和社会的需求。通过不断调整和改进课程体系，高等职业教育管理可以更好地服务于人才培养目标，提高教育质量和教学水平。随着社会的不断发展和教育教学模式的不断创新，我们对高等职业教育管理创新的前景充满信心。

随着科技和社会的快速发展，高等职业教育管理也迎来了新的挑战和机遇。为适应时代的潮流，课程体系的完善将成为教育改革的重点之一。在未来的发展中，我们需要不断研究并引入最新的教育理念和技术，不断优化课程设置，加强实践教学环节，提高教师的教育水平，以更好地培养适应社会需求的优秀人才。

通过多元化的教学方式和资源整合，可以为学生创造更广阔的学习空间，激发他们的学习兴趣和创造力。同时，注重跨学科合作和实践能力的培养，也是未来课程体系完善的重要方向之一。只有不断拓展学科范围，打破学科壁垒，才能更好地培养出具有创新意识和团队精神的优秀人才。

课程体系完善也需要与行业和社会的实际需求相结合，及时调整和更新课程内容，使之更加贴近市场需求。通过与企业合作，开设实习基地，为学生提供更多实践机会，培养他们解决实际问题的能力和经验。只有使课程更加贴合社会需求，才能更好地提高教育质量和教学效果。

总的来说，课程体系的完善是高等职业教育管理创新的基础和关键。只有不断调整和改进，与时俱进，才能更好地适应社会的发展和变化，为培养更多优秀人才做出贡献。高等职业教育管理的未来充满着机遇和挑战，让我们共同努力，推动课程体系的完善，为教育事业注入新的活力和动力。

（二）实践环节扩展

实践环节扩展是高等职业教育管理创新的重要组成部分。通过实践，学生能够将理论知识应用于实际操作中，培养实际工作能力和解决问题的能力。然而，在当前实践环节中，存在一些不足之处。实践环节的内容和形式相对单一，缺乏多样性和灵活性，难以满足不同学生的需求。实践环节的资源匮乏，无法提供足够的支持和保障，导致实践质量参差不齐。实践环节的评价方式单一，只重视成果而忽视了过程，无法全面评价学生的能力和表现。

在实践环节扩展中，需要重视多样性和灵活性，为学生提供更多元化的实践机会，如参与校内外项目、实习、实训等。同时，要加大对实践环节的投入，提升实践教学设施和师资水平，确保学生能够接受到高质量的实践教育。应探索多元化的评价方式，综合考量学生的表现和成长，促进学生全面发展。

总的来说，实践环节的扩展是高等职业教育管理创新的必然要求，只有不断提升实践教学的质量和水平，才能更好地培养出适应社会需求的优秀人才。希望未来在高等职业教育管理创新中，实践环节得到更多的关注和支持，为学生的成长和发展创造更加有利的环境和条件。

（三）教学资源共享

教学资源共享对人才培养质量的提升至关重要。通过资源共享，学校可以获得更丰富的教学资源和优质的教学设备，提高教学水平和教学效果，从而更好地培养学生的技能和能力。资源共享还可以促进校际合作，实现优质教育资源的共享和交流，为学生提供更多学习机会和发展空间。

然而，目前资源共享仍存在一些局限性。一方面，由于各学校之间存在竞争和利益冲突，资源共享的合作意愿不足。另一方面，资源共享需要建立起一套完善的机制和平台，以确保资源能够有效地共享和利用。资源共享还需要保障教学内容的质量和安全，避免资源被滥用或浪费。

为了更好地应对这些挑战，我们需要不断探索和完善教学资源共享的机制和模式，促进各学校间的合作与共享，实现资源优势互补，提高教学水平和人才培养质量。同时，各学校也需要加强沟通和协调，建立起一个互信、互利的资源共享网络，共同推动高等职业教育管理的创新和发展。只有这样，我们才能更好地应对当前教育领域的挑战，为人才培养质量的提升奠定更坚实的基础。

（四）就业指导强化

在高等职业教育管理创新中，就业指导的强化应该是一个重要的方向。就业指导是指对学生进行综合素质评估，帮助他们制定职业发展规划，提供就业信息并引导就业，帮助学生解决就业过程中的问题。然而，当前就业指导存在一些问题，比如信息不足、缺乏个性化指导、就业信息准确性不高等。这些问题导致学生在就业过程中面临着诸多困难，影响了他们的就业质量和就业满意度。

因此，在高等职业教育管理创新中，应该重视就业指导的强化，建立更加完善的就业指导体系，提供更加个性化、精准的就业指导服务，帮助学生更好地面对就业挑战。只有学校和企业共同努力，为学生提供全方位的就业支持，才能真正实现高等职业教育的目标。

未来，随着社会经济的快速发展以及职业教育的日益重要性，高等职业教育管理创新将继续深化。就业指导强化将成为高等职业教育管理创新的一个重要方向，不断提升人才培养质量，推动学校与企业的紧密合作，为学生的就业提供更好的支持和保障。相信在不久的将来，高等职业教育将会迎来新的发展机遇，为社会培养更多优秀的人才。

（五）国际交流加强

国际交流对于提升高等职业教育人才培养质量具有重要意义。通过国际交流，学校可以引进国外先进的教学理念和管理经验，不断提高教师和学生的国际化素养和能力。同时，国际交流也可以促进学术研究的合作和交流，拓展学生的视野，提升他们的综合素质和竞争力。

然而，当前国际交流方面仍存在诸多挑战。不同国家之间的教育体系和文化差异导致交流合作存在一定的障碍，需要双方在政策、课程设置、教学方式等方面进行深入沟通和协调。语言障碍也是一个大问题，不同国家的学生和教师之间可能存在沟通困难，需要设立专门的语言培训和交流项目。一些制度性问题，如签证、保险、资金等方面的限制，也制约了国际交流的发展。

尽管面临挑战，但国际交流对于高等职业教育管理创新仍具有重要作用。只有加强国际交流，借鉴各国的先进经验，才能不断提升人才培养质量，适应全球化竞争的需求。因此，应该积极解决国际交流中的挑战，推动高等职业教育管理创新的不断发展。

第四节　高等职业教育管理创新的挑战与应对

一、国家政策调整影响

（一）教育改革需求

教育改革在当前社会发展中愈发凸显其重要性。随着社会经济的不断发展和教育需求的日益增长，高等职业教育管理创新显得尤为迫切。教育体系存在的问题主要包括教学方式单一、教学内容滞后、师资力量不足等，已无法适应社会对于高素质人才的需求。

在教育改革的需求下，高等职业教育管理创新亟需注重培养学生的实际操作能力和创新意识，才能更好地适应社会的发展需求。同时，教育机构需要将校企合作实践模式发挥到极致，通过与企业的合作，使学生能够更好地融入实际工作中，提升就业竞争力。

教育改革需求也要求高等职业教育管理创新更加注重人才培养质量的提升，不断优化教育教学资源配置，提高教学水平和教学质量。确保学生在校期间能够全面发展，具备扎实的专业知识和实践能力，进而顺利融入社会。

然而，高等职业教育管理创新面临的挑战也是严峻的，国家政策调整和国际教育竞争等因素都将对高等职业教育管理创新产生影响。因此，高等职业教育管理创新需要在不断探索中应对挑战，不断改善自身，以适应社会的发展需求和教育改革的需要。

（二）政策关注焦点

当前政策对高等职业教育管理创新的关注焦点主要包括以下几个方面：

政策文件关注人才培养质量提升，强调高等职业教育要以培养应用型、技能型人才为目标，注重实践能力和创新能力的培养。这一关注焦点直接影响着高等职业教育管理创新的方向和目标设定，鼓励院校与企业合作，创新教学模式，提高学生实践能力和就业竞争力。

政策文件强调构建校企合作实践模式，推动高等职业教育与产业融合发展。这一关注焦点促使高校在教育教学管理中加强与企业的对接，积极搭建实习实训平台，开展联合研究项目，促进校企合作深度合作，共同推动人才培养提质增效。

政策文件还强调高等职业教育管理创新要与国家政策调整保持一致，积极响应国家关于人才培养、教育改革的政策导向。这一关注焦点要求高等职业教育管理者在实践中不断调整策略，灵活应对政策变化，促进高等职业教育管理的创新发展。

总的来说，当前政策对高等职业教育管理创新的关注焦点直接影响着高等职业教育的发展方向和路径选择，促使高校管理者不断探索和创新，推动高等职业教育管理的提质增效，实现高等职业教育与产业发展的良性互动。

（三）政策执行力度

政策执行力度对高等职业教育管理创新起着至关重要的作用。政府部门在政策宣传和监督方面发挥着至关重要的作用。政策的有效执行需要政府部门积极宣传政策内容，提高高校及相关企业的政策执行意识。同时，政府部门还需要加强对政策执行情况的监督，及时发现问题并进行整改。

以"双创"政策为例，政府部门大力宣传和支持校企合作实践模式，鼓励高校和企业深度合作，促进人才培养质量的提升。在政府的政策支持和监督下，越来越多的高校和企业开始探索合作的新模式，推动高等职业教育管理创新的实践。

然而，在一些地方和部门中，政策执行并不到位，导致高等职业教育管理创新受到一定程度的阻碍。可能是因为政府部门宣传力度不够，也可能是因为对政策执行的监督不力，从而导致一些高校和企业没有积极响应政策，无法达到政策的预期效果。

因此，政府部门需要加大对政策执行的监督力度，确保政策的有效实施。同时，高等职业教育管理主体也需要加强对政策内容的理解和执行力度，积极探索适合自身发展的创新模式，共同推动高等职业教育管理创新不断向前发展。只有政策的有效执行，高等职业教育管理创新才能真正取得成效，为人才培养和社会经济发展提供更好的支持和保障。

二、社会需求变化影响

（一）人才需求调整

随着经济社会的快速发展，人才需求也在不断变化。传统的高等职业教育体系主要偏重于传统行业和专业的培养，而现在社会对不同类型人才的需求已经有了很大的变化。例如，随着信息技术的飞速发展，社会对IT技术人才的需求量不断增加；环境保护、新能源、人工智能等新兴产业也在不断崛起，对相关领域专业人才的需求也在逐渐增加。

然而，传统的高等职业教育体系在一定程度上满足不了社会对不同类型人才的需求。一方面，一些传统专业的培养模式可能已经滞后于社会发展的需求，另一方面，社会对新兴领域人才的需求又难以及时得到满足。因此，高等职业教育管理创新势在必行，需要更加灵活的教育体系，更贴近社会需要的人才培养模式。

为了应对社会需求变化带来的挑战，高等职业教育管理创新需要灵活调整专业设置、课程设置，提升教师队伍的素质和教学水平，不断改进教学方法和手段，促进校企合作，在实践中不断提升人才培养质量。只有这样，才能更好地满足社会对不同类型人才的需求，为经济社会的可持续发展提供更多更好的人才支持。

（二）企业用人新趋势

当前企业用人新趋势对高等职业教育管理创新产生了深远影响。随着经济全球化的发展和科技进步的推动，企业对人才的需求呈现出多元化、高端化的趋势。传统的技术工人已不能满足企业对高素质人才的需求，企业更加关注员工的综合素质和创新能力。因此，高等职业教育需要与时俱进，及时调整课程设置，强化实践教学，提升学生的综合素质和创新能力。

与此同时，企业对人才培养提出了更高的要求，希望高等职业教育能够更好地培养学生的团队合作能力、沟通能力和创新思维。在这样的趋势下，高等职业教育需要借鉴企业用人新趋势，调整教育理念和教学模式，注重学生的实践能力和创新潜力的培养。

高等职业教育管理创新应该紧密结合企业的用人需求，通过与企业建立紧密的合作关系，开展校企合作实践模式，为学生提供更多的实习机会和职业培训，使其更好地与企业需求相适应。同时，高等职业教育管理创新也需要注重学生的终身学习能力和适应能力的培养，使其在快速变化的社会环境中保持竞争力。

总的来说，高等职业教育管理创新需要不断探索和实践，与企业用人新趋势保持紧密对接，为培养更多适应社会需求的高素质人才做出应有的贡献。只有如此，高等职业教育才能真正发挥其作用，推动社会和经济的可持续发展。

（三）就业市场挑战

当前，就业市场面临着诸多挑战，就业压力不断加大，职业结构也在不断调整。随着经济结构的升级，一些传统行业逐渐萎缩，而新兴产业却面临人才短缺的困境。这种变化给高等职业教育管理创新提出了更高的要求。

面对就业市场的挑战，高等职业教育管理需要更加密切地与企业进行合作，了解他们的需求，调整专业设置，优化课程体系，以更好地培养适应市场需求的人才。校企合作实践模式的推广，可以有效提高学生的实践能力和就业竞争力。

高等职业教育管理创新还需要重视人才培养质量的提升。通过强化就业导向，完善评估机制，加强实践教学，提高学生的专业技能和综合素质，使他们更好地适应市场需求。

在应对挑战的过程中，要加强与企业、政府等社会各界的合作，共同推动高等职业教育管理创新。只有坚持不懈地不断探索和实践，才能促进高等职业教育管理的发展，更好地满足社会的需求，推动经济社会的持续发展。

三、教育资源配置不均衡

（一）城乡教育差距

城乡教育差距是指城市和农村地区在教育资源配置、教育条件和教育质量方面存在的差异。这种差距不仅表现在学校设施、师资力量、教学设备等硬件条件上，还体现在师生素质、教学水平、课程设置等软件方面。当前，城乡教育差距造成了农村学生教育机会不均等、学习资源匮乏、教育质量低下等问题，严重影响了农村学生的发展和社会公平。解决城乡教育差距问题，需要政府加大对农村教育的投入，改善农村教育资源配置，提升教师队伍水平，加强农村学校管理，促进城乡师生互通互惠，缩小城乡教育差距，实现教育公平。

（二）地教育资源分配

高等职业教育管理模式需根据不同地区的实际情况进行分类和分析，因为不同地区的教育资源分配存在着很大的差异，这种不均衡的现象在整个高等职业教育管理系统中存在。对于三地的教育资源分配问题，需要进一步深入研究，找出其影响因素，采取相应的措施加以改善，以便能够更好地满足不同地区的高等职业教育管理需求。

（三）师资结构不均

师资结构不均指的是在高等职业教育管理中，不同学校、学院甚至同一学院之间师资的结构和水平存在较大的差异。这种不均衡主要表现在教师的数量、学术水平、教学经验等方面。这种情况会影响到学生的教育质量和专业发展，也会影响到学校的整体声誉和竞争力。针对师资结构不均的问题，学校可以通过加强师资队伍建设，提高教师的教育水平和教学水平，完善评价和激励机制，促进各类教师的提升和发展。同时，学校也可以通过加强校际师资交流和合作，优化师资配置，共享优质师资资源，实现资源共享，提升整体师资水平。师资结构的不均衡是高等职业教育管理中的一个重要问题，解决这一问题需要学校和相关部门的共同努力和改革措施。

（四）教学条件欠缺

高等职业教育中存在的教学条件欠佳，是影响教育管理创新的重要问题之一。部分高校在师资、设备、实践环境等方面的投入不足，导致教学质量无法得到有效提升。由于教学条件不足，学生在课堂上的学习体验和实践能力培养都受到一定程度的影响，无法达到最佳效果。

教学条件的欠缺也直接影响了教师的教学效果和创新能力。缺乏先进的设备和资源支持，教师无法开展更具有实践性和前瞻性的教学活动，从而难以激发学生的学习兴趣和潜力。同时，教学条件不足也限制了教师在教学方法和手段上的创新，使得教学内容和形式难以跟上时代发展的步伐。

教学条件的欠缺不仅仅影响了教学效果，更是对高等职业教育管理创新的一种障碍。优质的教学条件是实施教育管理创新的重要基础，只有有了良好的教学条件，学校才能在教学、科研、实践等方面更好地开展工作，不断推动教育质量和水平的提升。

因此，解决高等职业教育中教学条件不足的问题，是当前亟需解决的挑战之一。只有通过提升教学条件，才能为教育管理创新的有效实施提供更好的保障和支持，推动高等职业教育事业的健康发展。

四、教育管理体制不适应

（一）机制创新需求

教育管理体制不适应的原因主要包括几个方面：传统的高等职业教育管理体

制较为僵化，难以灵活应对不断变化的社会需求和行业发展趋势。现有管理机制多为单向、集中式的管理模式，难以有效激发教育主体的创新能力和活力。再者，信息化技术的快速发展与高等职业教育管理的相对滞后也导致管理体制不适应教育发展的需要。

因此，机制创新迫在眉睫。高等职业教育管理需要更加注重参与式管理、灵活化管理和信息化管理，以提高管理效率和教育质量。机制创新应当围绕着提高教育管理的科学性、规范性和透明度展开，构建符合时代发展需求的管理机制和体制。只有在这样的背景下，高等职业教育管理才能与时俱进，更好地服务于社会经济发展和人才培养的需要。

在机制创新的推动下，高等职业教育管理有望实现由"硬约束"向"软引导"的转变，实现更加自主、多元、灵活和创新的管理模式。这不仅能够进一步激发教育主体的活力和创造力，提高教育教学质量，也能够更好地满足社会对高等职业教育的需求。只有不断进行机制创新，高等职业教育管理才能跟上时代的步伐，实现真正意义上的现代化和国际化。

（二）　部门协同机制

在高等职业教育管理创新中，部门协同机制是一个重要的挑战。目前，高等职业教育管理中存在着各个部门之间信息共享不畅、协同配合不够紧密的问题。例如，教务处、学生处、招生办公室等各部门之间缺乏有效的沟通机制和协调机制，导致了信息孤岛现象的出现，部门间的信息不畅通，影响了决策的准确性和执行的效率。

部门协同机制的不足也给教育管理创新带来了挑战。在推行新的管理政策或制度时，需要各个部门之间紧密合作，相互协调，才能够有效地实施。然而，由于部门间缺乏协同机制，导致了管理政策的顺利执行受到一定的阻碍，影响了管理创新措施的实施效果。

因此，部门协同机制的不完善成为了高等职业教育管理创新的一个重要障碍。为了解决这一挑战，需要建立起一套有效的部门协同机制，加强各部门之间的沟通和协作，促进信息共享和资源整合，实现高等职业教育管理的协同发展。这将为高等职业教育的管理创新提供坚实的基础，推动高等职业教育事业不断向前发展。

（三）　业务流程优化

在高等职业教育管理中，业务流程优化是一个至关重要的环节。然而，目前存在的不足之处导致了管理创新的障碍。在当前教育管理体制下，业务流程优化对于提高教育质量、提升学生就业竞争力具有重要意义。然而，由于缺乏有效的信息化技术支持、管理流程繁琐、冗杂等问题，导致了在高等职业教育管理领域的管理创新存在一定的困境。

业务流程优化的不足导致了高等职业教育管理中诸多管理环节耗费人力物力过大，效率低下。管理人员需要花费大量时间和精力来处理繁杂的管理事务，这直接影响了教育管理的效率和效益。业务流程优化不够完善也会导致信息传递和沟通出现问题，影响了教育管理的协同和协作效果。

由于教育管理业务流程的不透明和繁杂性，学生、教师、管理人员等参与者在管理过程中可能面临信息不对称、决策不透明等问题，影响了管理的公平性和透明度。因此，急需对高等职业教育管理中的业务流程进行优化和改进，以推动管理创新，提升教育管理的效率和效益。

（四）绩效考核改进

绩效考核在高等职业教育管理中一直是一个难题。目前，绩效考核存在着严重的片面性和局限性，往往只关注学生的成绩和教师的教学效果，而忽视了学校管理的全面性和发展方向的综合性评价。这种局限性导致了教育管理的非理性化和片面化，无法全面反映学校的绩效水平。

现有的绩效考核方法过于简单粗暴，往往采用定量化的指标评估，忽视了对教育教学工作的整体性和系统性的认识。同时，对于学校内部的师生资源分配和管理方式也存在着严重的不合理性，缺乏有效的激励机制和评估标准。

在当前高等职业教育管理的背景下，绩效考核的改进势在必行。需要更加注重对学校管理全过程的绩效评估，将教学、科研、社会服务等多方面的绩效纳入评估体系，形成科学、全面的管理评价体系。同时，要更加注重对教职工的个人发展和学校整体发展的考量，促进各项工作的协调和发展。

绩效考核的改进将是高等职业教育管理创新的一个重要方向，也将为高等职业教育的可持续发展和提升人才培养质量提供重要支撑。只有在绩效考核方面做出改进，才能更好地推动高等职业教育管理的创新与发展。

（五）创新引导机制

然而，在高等职业教育管理中，创新引导机制的不足成为制约管理创新的重要因素。目前，大部分高等职业教育机构的管理模式仍停留在传统的框架之内，缺乏对创新的积极引导和激励机制。教育管理者更愿意选择稳定和成熟的管理方式，而对于新思路和新方法缺乏足够的支持和鼓励。

这种创新引导机制的不足导致了高等职业教育管理创新的难度增加。管理者面临来自外部和内部的种种压力，包括政策法规的限制、学校文化的惯性、人员结构的僵化等。在这种情况下，管理创新往往被搁置或陷入僵局，高等职业教育机构的管理水平和服务质量也无法得到有效提升。

因此，亟需建立起一套完善的创新引导机制，为高等职业教育管理的创新提供更广阔的空间和更有效的支持。只有通过改革管理体制、激发管理者和员工的创新活力，才能真正推动高等职业教育管理创新的深入发展。希望未来在这方面能够有更多探索和实践，推动高等职业教育管理走向更加开放、灵活和有效的方向。

第五节　高等职业教育管理创新的国际比较研究

一、欧美高等教育管理模式比较

（一）美国教育管理特色

在进行国际比较研究时，我们发现美国教育管理具有许多独特的特点。美国高等教育管理注重学生的个性化发展，鼓励学生自主选择学习方向和课程，注重培养学生的创造力和解决问题的能力。

美国高等教育管理注重校企合作，大学与企业之间的紧密联系为学生提供了更多实践机会，帮助他们更好地将理论知识应用于实践中。这种校企合作模式不仅促进了学生的就业竞争力，也推动了科研成果的转化。

美国高等教育管理还注重教师的专业发展和教学质量的提升。教师被鼓励参与教学改革和创新项目，不断提升自己的教学水平，以更好地满足学生的需求。

通过与美国高等教育管理模式的比较，我们可以发现一些启示：要注重学生的个性化发展，培养学生的综合能力和创新精神；要加强校企合作，为学生提供更多实践机会；要重视教师的培训和发展，提升他们的教学水平。

在未来的高等职业教育管理创新中，我们可以借鉴美国教育管理的经验，不断完善管理体系，推动人才培养质量的提升，应对教育管理体制不适应的挑战，助力高等职业教育的可持续发展。

（二）欧洲教育管理体系

欧洲的教育管理体系在全球范围内都备受瞩目。它注重培养学生的创新能力和实践能力，倡导学生参与实际项目与社会活动，培养学生的综合素质。教育管理体系重视学校与社会的互动与合作，鼓励学校与企业、政府等机构进行密切合作，推动教育资源的共享与交流。在欧洲的教育管理体系中，学校领导人和教师拥有较大的自主权，可以根据学校的特点和需求自主制定教学计划与教学方法。欧洲的教育管理体系注重教师的专业发展与素质提升，鼓励教师参加各种培训和学术交流活动，不断更新知识和提升教学水平。欧洲的教育管理体系也倡导学生的自主学习与自主发展，鼓励学生主动参与学校管理与民主决策，培养学生的责任感和创新精神。在未来，中国的高等职业教育管理可以从欧洲的教育管理体系中汲取经验，不断改进管理模式，促进人才培养质量的提升，推动高等职业教育的发展。

（三）中西管理模式对比

在高等职业教育管理创新的研究领域中，中西管理模式的对比研究备受关注。欧美高等教育管理模式注重培养学生的创新能力和实践能力，倡导开放的教育理念和跨学科的教学方式。与之相比，我国的高等职业教育管理模式更加注重传统的学科教学和考试评价，忽视了学生综合素质的培养。中西管理模式在人才培养、课程设置、校企合作等方面存在较大差异。因此，研究中西管理模式的对比，可以帮助我国高等职业教育管理领域更好地借鉴国外经验，促进教育改革和发展。

（四）发展趋势展望

高等职业教育管理创新是推动我国教育事业发展的关键因素之一。通过分析现有高等职业教育管理模式，我们可以看到其中的一些不足之处，同时也能够找到提升管理水平的思路。在高等职业教育管理创新的实践案例中，校企合作模式被广泛采纳，为学生提供更广阔的就业机会和实践经验。人才培养质量的提升必然是未来高等职业教育管理创新的重点之一，只有通过不断地培养优秀的人才，才能推动整个行业的发展。面对教育管理体制的不适应，我们需要积极探索解决之道，寻找符合我国国情的管理模式。与此同时，国际比较研究也是必不可少的，通过比较欧美高等教育管理模式，我们可以借鉴其经验，推动我国高等职业教育管理的不断创新。展望未来，高等职业教育管理创新将继续朝着更加专业化、国际化的发展方向前进，为培养更多优秀人才、推动行业升级做出新的贡献。

二、亚洲高等教育管理实践比较

（一）日本高职教育管理现状

日本高职教育管理现状：在日本，高职教育管理注重学生素质的培养和实践能力的培养，学校和企业之间有着紧密的合作关系，为学生提供了丰富多样的实习机会。教育管理部门倡导创新思维和国际化视野，促进教育体制的不断完善和提升。同时，日本高职教育管理也面临着来自社会和国际竞争的挑战，需要开展更多的国际比较研究，借鉴其他国家的先进经验，不断创新发展，适应未来社会的需求和挑战。

（二）韩国高职发展路径

韩国高职发展路径：在高等职业教育领域，韩国走出了一条具有特色的发展路径。通过不断探索创新，韩国高职教育已经实现了良好的发展，取得了可喜的成绩。在实践中，韩国高职教育注重校企合作，积极开展产学研合作项目，为学生提供更丰富的实践机会和多样化的职业选择。同时，韩国高职教育管理也注重人才培养质量，不断提升学生的综合素质和职业能力。面对挑战，韩国高职教育管理也在不断调整体制，寻求更适应时代需求的发展方向。通过与其他国家的高等教育管理实践进行比较研究，韩国高职教育管理能够借鉴他国经验，不断完善自身发展模式，为未来的高等职业教育管理创新提供更多的启示和借鉴。

（三）中国对外开放挑战

中国高等职业教育管理创新在面临对外开放挑战时，需要更加开放的思维和广阔的视野。在国际比较研究中，亚洲高等教育管理实践比较给了我们很多启示，同时也突出了中国在高等职业教育管理创新方面的差距和不足之处。随着全球化的推进，中国的高等教育也将面临更多的国际竞争和合作机遇，如何更好地融入国际教育体系，提高中国高等职业教育管理的国际竞争力，是当前中国高等教育面临的重要挑战之一。

在这样的背景下，中国不仅需要加强国际合作与交流，还需要不断引进国际先进的教育管理理念和模式，吸收国际经验，不断完善本土的高等职业教育管理创新。同时，中国还需要加大对外开放的力度，通过多元化的合作方式，结合校企合作实践模式，共同推动高等职业教育管理创新的发展，以适应全球化的发展趋势。

中国的高等职业教育管理创新面临诸多挑战，但也蕴含着无限的发展潜力。面对对外开放的挑战，中国需要更加积极地融入国际高等教育体系，不断提升高等职业教育管理的水平和品质，努力实现中国高等教育管理创新的跨越式发展，与国际接轨，共同推动全球高等职业教育事业的繁荣与发展。

三、国际教育管理经验借鉴

（一）教育管理新理念

教育管理新理念：教育管理的发展需要与时俱进，不断更新理念和方法。在高等职业教育管理创新中，新理念的引入可以带来新的思路和方式，推动教育体制的变革和提升。通过借鉴国际教育管理经验，我们可以更好地优化管理模式，提高人才培养质量，应对挑战，实现高等职业教育管理的可持续发展和国际化。

（二）教学环境改善实践

教学环境改善实践是高等职业教育管理创新的重要内容之一。通过不断优化教学环境，可以提升学生的学习积极性和教学效果，促进教育教学质量的提升。不断改善教学环境，可以为教师和学生创造更好的学习和教学条件，提升教学质量和教育水平。同时，优质的教学环境也能够吸引更多的优秀教师和学生加入其中，进一步提升学校的整体实力和影响力。在未来，继续加大对教学环境改善实践的投入，是高等职业教育管理创新的必然趋势。

（三）教学资源整合案例

在高等职业教育管理中，教学资源整合案例起着至关重要的作用。通过整合各种教学资源，可以为学生提供更为全面和多样化的学习体验，促进他们知识与技能的全面发展。例如，某高校将线上资源和线下实践相结合，通过实践项目的设计与实施，让学生在实际操作中学习并应用所学知识，提升他们的应用能力和创新意识。

教学资源的整合还可以促进校企合作，搭建学校与企业之间的桥梁，将企业的实际需求与学校的教学资源相结合，为学生提供更加贴近市场的实践机会。通过校企合作实践模式，学生可以更好地了解职业领域的实际情况，提前适应职业发展的要求，从而增强其就业竞争力。

教学资源整合案例的成功实践不仅可以促进高等职业教育管理的创新，还可以提升人才培养质量，培养更加适应社会发展需求的高素质人才。虽然在教育管理体制不适应、国际比较研究等方面面临挑战，但只要不断探索创新，借鉴国际经验，教学资源整合案例必将在推动高等职业教育管理领域迈向更加美好的未来起到积极作用。

（四）教师队伍培养模式

高等职业教育管理创新需要对教师队伍的培养模式进行深入思考和实践。教师是教育的核心，他们不仅需要具备扎实的专业知识和教学技能，还需要不断更新自己的教育理念和方法。根据当前的需求和发展趋势，教师队伍的培养模式应该注重实践能力和创新能力的培养，培养出适应社会发展需求的优秀教师。同时，国际教育管理经验也是我们值得借鉴的宝贵资源，通过与国际接轨，我们可以提升教师队伍的水平和素质，使他们能更好地适应高等职业教育管理创新的要求。

四、国际教育管理合作机会

（一）国际项目合作

在高等职业教育管理创新的国际比较研究领域，国际项目合作机会是一个重要的话题。通过与国外教育机构和企业开展合作项目，可以促进高等职业教育管理创新的跨国交流与合作。这种国际合作不仅可以带来新思路和先进管理经验，还可以加速我国高等职业教育体系的国际化进程。同时，国际项目合作还为我国高等职业教育培养未来人才提供了更广阔的平台和机会。因此，积极开展国际项目合作，将有助于推动我国高等职业教育管理创新的发展，为提升人才培养质量提供更多可能性。

（二）师资交流机会

在高等职业教育管理创新的领域，师资交流机会是至关重要的一环。通过与国际知名学府的师资交流，可以有效地引进先进的教学理念和管理经验，促进高等职业教育管理水平的提升。同时，师资交流也有助于丰富学校的教学资源，为学生提供更广阔的学习机会。在国际教育管理合作机会不断增加的背景下，加强师资交流，不仅可以推动我国高等职业教育管理的国际化进程，也可以为学校发展注入新的活力和动力。因此，积极探索和开发师资交流机会，对于推动高等职业教育管理创新具有重要意义。

（三）学生交换项目

学生交换项目是高等职业教育管理创新的重要组成部分，通过与国外高校建立合作关系，学生可以借助这个平台去体验不同国家的教育体系和文化氛围，拓宽自己的视野。这种项目不仅可以促进学生的学术交流和合作能力，还有助于提升他们的跨文化沟通能力和国际竞争力。学生交换项目的开展对于培养具有国际视野和全球胸怀的优秀人才具有重要意义，也是高等职业教育管理创新中一项具有前瞻性和实践性的措施。

（四）学术研究合作

在高等职业教育管理创新的国际比较研究中，学术研究合作是至关重要的一环。通过与国际学术界的合作，可以更加有效地分享研究成果、推动学术交流与合作，并获得更多的研究资源和支持。这种国际学术合作不仅可以促进高等职业教育管理创新的发展，还可以提升我国高等职业教育的国际竞争力。因此，建立良好的学术研究合作关系，积极开展国际合作项目，将有利于我国高等职业教育管理创新的深入发展。

（五）教育资源共享

高等职业教育管理创新的思路可以通过校企合作实践模式来实现。这种模式不仅可以提高学生的实践能力，也可以为企业提供更多优秀的人才。未来，我希望通过这种模式，可以进一步提升人才培养质量，让学生更好地适应社会需求。然而，教育管理体制的不适应仍是我们面临的挑战之一，需要我们及时调整和创新。同时，我们也需要进行国际比较研究，寻找国际教育管理合作机会，以实现教育资源共享的目标。希望我们的努力能够为高等职业教育管理创新开辟更广阔的道路。

参考文献

[1] 李丹.新时代高等职业教育教学管理工作创新研究［J］.淮南职业技术学院学报，2021，21（04）：103-104.

[2] 龚佑红.现代高等职业教育创新发展探究［J］.中学政治教学参考，2022，（13）：88.

[3] 徐光翔，徐静.区块链创新技术在高等教育管理中的应用研究［J］.电脑知识与技术，2021，17（29）：150-152.

[4] 郝华.高等美术职业教育对学生创新能力的培养研究［J］.大观，2021，（10）：136-137.

[5] 胡海燕，赖林弟，梁律，胡克满.高等职业教育专业教学资源库建设与应用研究［J］.大学教育，2022，（06）：139-141.

[6] 卫晨筱.中日高等职业教育学生管理模式对比研究［J］.无锡职业技术学院学报，2022，21（03）：12-18.

[7] 王少征，张笑洋，高海军，任璐，李江飞，刘晓敏.创新平台驱动的高等职业教育学生工程创新能力培养研究［J］.承德石油高等专科学校学报，2023，25（03）：77-80.

[8] 王宇晓.高等职业教育服务民族服饰文化传承与创新实践［J］.纺织报告，2021，40（08）：123-124.

[9] 洪艺敏.把握高等职业教育发展走向构建职普融通的高等职业教育体系［J］.北京教育（高教），2022，（08）：16-17.

[10] 刘洋.我国高等教育管理体制创新研究［J］.大众标准化，2021，（01）：215-216.

[11] 徐菲.我国高等教育管理机制创新研究［J］.秦智，2022，（12）：118-120.

［12］高鑫.孔子教育思想对当今高等职业教育管理工作的启示［J］.文教资料，2021，（13）：158-159+204.

［13］俞艺莎，杨文培，杨璠.价值链视角下高等职业教育质量成本管理研究［J］.标准科学，2021，（03）：98-103.

［14］推进高等职业教育均衡发展［N］.证券时报，2022-03-08（A06）.

［15］何方容.高等职业教育评价改革思路［J］.苏州市职业大学学报，2022，33（01）：43-48.

［16］邵明敏.现代项目管理在高等书法教育领域的应用研究［D］.导师：黄志强.泉州师范学院，2021.

［17］崔新有.统筹职业教育、高等教育、继续教育协同创新的新使命、新路径［J］.终身教育研究，2023，34（01）：3-9.

［18］薛伟.女红技艺传承创新平台在高等职业教育服装专业设立的意义［J］.皮革制作与环保科技，2021，2（13）：31-32.

［19］李莹，杨彤彤，杜云翮.高等农业院校财务管理改革与创新［J］.沈阳农业大学学报（社会科学版），2021，23（05）：547-552.

［20］李晓燕.基于新时代背景下高等职业教育教学与管理模式发展［A］.创新教育实践国际学术会议论文集（三）［C］.中国国际科技促进会国际院士联合体工作委员会：2022：8-10.

［21］赵越.加强职业教育领导与管理研究——评《中国职业教育名校/名校长创新管理评析》（教学研究卷）［J］.领导科学，2021，（18）：128.

［22］杨波.基于高等职业教育质量年度报告数据的湖北省高等职业教育现状研究［J］.山西青年，2021，（18）：50-51.

［23］林梦露.职业教育中工程管理教学模式的改革与创新［J］.科技视界，2021，（20）：175-176.

［24］曹昱.深化我省高等职业教育改革［N］.江淮时报，2022-01-19（B03）.

［25］尹孝玲.浅谈高等职业教育专业设置研究［J］.内蒙古煤炭经济，2021，（14）：227-228.

［26］范煜昊.新时代高等教育管理的基本原理及创新策略——评《高等教育管理探微》［J］.中国高校科技，2022，（11）：97.

［27］张立彬.论"刚柔并济"模式在高等职业教育班级管理中的应用［J］.现代职业教育，2021，（07）：202-203.

［28］焦鹏昊.高等职业院校科研管理机制创新研究［J］.现代职业教育，2022，（24）：70-72.

［29］ 侯明媚.扩招背景下高等职业教育发展研究［J］.品位·经典，2021，
（09）：102-105.

［30］ 高等职业教育专科部分专业调整情况［J］.山西教育（招考），2021，
（06）：67-79.